JOSÉ A. MARTÍNEZ PUCHE, O. P.

LA NUEVA EVANGELIZACIÓN

ENSEÑANZAS DEL BEATO JUAN PABLO II

Aportaciones de Benedicto XVI

EDIBESA
MADRID, 2012

• Colección «GRANDES FIRMAS EDIBESA», Nº 17.162

© TEXTOS PONTIFICIOS: LIBRERÍA EDITRICE VATICANA
© Otros textos de José A. Martínez Puche: EDIBESA
Madre de Dios, 35 bis – 28016 Madrid
Tel.: 91 345 19 92. Fax: 91 350 50 99
E-mail: edibesa@planalfa.es.
www.edibesa.com

ISBN: 978-84-8407-641-4
Depósito legal: M-46.512-2011
Impreso en España por: A. J. F. Impresores – Madrid

ÍNDICE

III
LOS AGENTES DE LA
NUEVA EVANGELIZACIÓN

IV
OBJETIVOS Y FRUTOS
DE LA NUEVA EVANGELIZACIÓN

Apéndice
APORTACIONES
DE BENEDICTO XVI

PÓRTICO

El primer año de su pontificado evocaba Benedicto XVI a Juan Pablo II, unido a los rasgos de identidad de la NUEVA EVANGELIZACIÓN. Lo hace recordando el primer viaje apostólico del papa Wojtyla a su patria:

Durante su primera peregrinación a Polonia, Juan Pablo II dijo: "De la cruz de Nowa Huta [Polonia] ha comenzado la nueva evangelización: *la evangelización del segundo milenio.* Esta Iglesia lo testimonia y lo confirma. Ella ha nacido de una viva y constante fe, y es necesario que continúe sirviendo a esta fe. La evangelización del nuevo milenio debe fundarse en la doctrina del Concilio Vaticano II. Debe ser, como enseña el mismo Concilio, *tarea común* de los obispos, de los sacerdotes, de los religiosos y de los seglares, obra de los padres y de los jóvenes" (*Homilía a los obreros en Nowa Hutta,* 9 de junio de 1979, n. 3.). Fue una de las primeras intervenciones –si no la primera– de mi gran predecesor sobre el tema de la nueva evangelización. Habló del segundo milenio, pero no cabe duda de que ya estaba pensando en el tercero. Bajo su guía hemos entrado en este nuevo milenio del cristianismo, tomando conciencia de la constante actualidad de su exhortación a una nueva evangelización. Con estas breves palabras estableció el fin: despertar una fe "viva, consciente y responsable". *(Discurso al segundo grupo de obispos de Polonia en visita «ad limina». Sábado 3 de diciembre de 2005).*

En esta breve evocación, Benedicto XVI señala los puntos fundamentales de la nueva evangelización:

1. La *autoría* es del beato Juan Pablo II.
2. El *origen*: la cruz de Nova Hutta, en Polonia.
3. La *fuente*: la doctrina del Concilio Vaticano II.
4. Los *agentes*: todos los miembros de la Iglesia, de la alta jerarquía al laicado.
5. El *tiempo*: final del segundo milenio y tercer milenio del cristianismo.
6. El *objetivo*: despertar "¡una fe viva, consciente y responsable!".

Benedicto XVI es quien convocó la IX Asamblea general del Sínodo de los Obispos sobre la nueva evangelización, para octubre de 2012, y proclamó el "Año de la fe", que comienza el mismo mes: el 11 de octubre, a los 50 años de la solemne apertura del Vaticano II. En estos acontecimientos aparecen, junto a la nueva evangelización, su fuente (Vaticano II) y su objetivo, la fe.

Benedicto XVI, por lo poco que hemos dicho de él y por lo que veremos en las últimas páginas de este

libro, está hondamente implicado en la nueva evangelización. Si fue su predecesor quien inventó ese término y lo puso en marcha como uno de los pilares de su
pontificado, es Benedicto XVI el papa que ha canali-
zado la nueva realización de la nueva evangelización,
como tarea concreta de la Iglesia del siglo XXI.

A partir de ahora, veremos en este libro cuánto y
con qué acierto habló Juan Pablo II el Grande sobre la
nueva evangelización para este mundo que vive de es-
paldas o en contra de Dios. En adelante dejo la palabra al gran papa polaco. Todo lo que se dice en adelante, excepto los titulares de los capítulos y ladillos,
es palabra del beato Juan Pablo II.

I
UN MUNDO
DESCRISTIANIZADO
QUE NECESITA A DIOS

La evangelización es el desafío más perentorio y exigente que la Iglesia está llamada a afrontar desde su origen mismo. En realidad, este reto no lo plantean solo las situaciones sociales y culturales, que la Iglesia encuentra a lo largo de la historia, sino que está contenido en el mandato de Jesús resucitado, que define la razón misma de la existencia de la Iglesia: «Id por todo el mundo y proclamad la buena nueva a toda la creación» (*Mc* 16, 15). El momento que estamos viviendo –al menos en no pocas sociedades–, es más bien el de un formidable desafío a la *nueva evangelización*, es decir, al anuncio del Evangelio siempre nuevo y siempre portador de novedad, una evangelización que debe ser «nueva en su ardor, en sus métodos y en su expresión» (*Discurso a los Obispos del CELAM, 9-3-1983*). La **descristianización**, que grava sobre pueblos enteros y comunidades en otro tiempo ricos de fe o vida cristiana, no comporta solo la pérdida de la fe o su falta de relevancia para la vida, sino también y necesariamente ***una decadencia u oscurecimiento del sentido moral:*** y esto ya sea por la disolución de la conciencia de la originalidad de la moral evangélica, ya sea por el eclipse de los mismos principios y valores éticos fundamentales. Las tendencias subjetivistas, utilitaristas y relativistas, hoy ampliamente difundidas, se presentan no simplemente como posiciones pragmáticas, como usanzas, sino como concepciones consolidadas desde el punto de vista teórico, que reivindican una plena legitimidad cultural y social. (*Vertitatis splendor*, 1993, 106ab).

Se está produciendo, por desgracia, un preocupante fenómeno de *descristianización*. Las graves consecuencias de este cambio de mentalidad y costumbres no se ocultan a vuestra solicitud de pastores. La primera de ellas es la constatación de un ambiente en el que el bienestar económico y el consumismo (...) inspiran y sostienen *una existencia vivida como si no hubiera Dios*» (*Christifideles laici*, 34). Con frecuencia, la indiferencia religiosa se instala en la conciencia personal y colectiva, y Dios deja de ser para muchos el origen y la meta, el sentido y la explicación última de la vida. Por otra parte, no faltan quienes en aras de un malentendido progresismo pretenden identificar a la Iglesia con posturas inmovilistas del pasado. Estos no tienen dificultad en tolerarla como resto de una vieja cultura, pero estiman irrelevante su mensaje y su palabra, negándole audiencia y descalificándola como algo ya superado.

Pero las consecuencias más dramáticas de la *ausencia de Dios en el horizonte humano*, se producen en el terreno de los comportamientos concretos, en el campo de la moral, como habéis denunciado repetidamente con lucidez los obispos españoles (cf. Instrucción pastoral: *La verdad os hará libres)*. Cuando se prescinde de Dios, la libertad humana, en vez de buscar y adherirse a la verdad objetiva, con frecuencia viene a convertirse en instancia autónoma y arbitraria, que decide lo que es bueno en función de intereses individuales y egoístas. Y, por este camino, el ansia de libertad acaba convirtiéndose en fuente de esclavitud. En efecto, la exaltación de la posesión y el consumo de los bienes materiales lleva a una concepción puramente economista del desarrollo, que degrada la dignidad personal del ser humano y hace más pobres a muchos para que solo unos pocos puedan ser másricos. En nombre de los derechos humanos, concebidos con frecuencia desde un individualismo narcisista y hedonista, se promueve el permisivismo sexual, el divorcio, el aborto y la manipulación genética, que atentan contra el derecho más fundamental: el derecho a la vida. La búsqueda afanosa del placer fácil provoca que innumerables personas puedan quedar traumatizadas y a menudo busquen refugio en la drogadicción, en el alcoholismo o en la violencia.

(...) Frente a este *neopaganismo*, la Iglesia en España ha de responder con un testimonio renovado y un decidido esfuerzo evangelizador que sepa crear una nueva síntesis cultural capaz de transformar con la fuerza del Evangelio «los criterios de juicio, los valores determinantes, los puntos de interés, las líneas de pensamiento, las fuentes inspiradoras y los modelos de vida de la humanidad». *(Evangelii nuntiandi,* 19) *(Discurso a los obispos españoles de las provincias eclesiásticas de Valencia y Valladolid,* 23-9-1991).

Es verdaderamente grave el fenómeno actual del *secularismo;* y no solo afecta a los individuos, sino que en cierto modo afecta también a comunidades enteras, como ya observó el Concilio: "Crecientes multitudes se alejan prácticamente de la religión" (GS 7). Varias veces yo mismo he recordado el fenómeno de la *descristianización* que aflige los pueblos de antigua tradición cristiana y que reclama, sin dilación alguna, una nueva evangelización. *(Christifideles laici,* 1988, 4b).

El ámbito social se ha hecho pluralista, y está imbuido de *tendencias secularistas.* Los medios de comunicación social son a veces la causa de una inquietante nivelación de las costumbres, y la prosperidad y el consumismo ofuscan frecuentemente el mensaje de liberación del Evangelio, con lo que se corre el peligro de hacer de él algo extraño a las conciencias. Por esto, se hace necesaria una nueva evangelización, capaz de anunciar con fuerza que «la gracia y la verdad nos han llegado por Jesucristo» (cf. Jn 1, 17), quien con su pascua liberó verdaderamente al hombre del pecado, de la muerte y del maligno, restituyéndolo al amor del Padre. *(Discurso en la catedral de Vicenza, Italia,* 8-9-1991).

La nueva evangelización encuentra el obstáculo de la **indiferencia.** Parece que algunos no tienen interés por Cristo y su Evangelio, y manifiestan cierta desconfianza hacia la Iglesia y su Magisterio. Saciados por el bienestar y saturados por los mensajes, se dejan conquistar por lo inmediato y útil; viven de una manera fragmentaria, quizá con desconfianza hacia el Misterio, que va más allá de lo que ven y gozan. Aplazando su reflexión, dan la impresión de exclamar del mismo modo que los atenienses ante Pablo: «Ya te oiremos otra vez» (Hch 17, 32; 24,25). Con todo, la *indiferencia religiosa no es un muro impenetrable;* la autosuficiencia no satisface, la técnica no da seguridad; por el contrario a menudo provoca angustia y alimenta en el hombre moderno miedos cargados de interrogantes. De ahí que sea necesario, sin vacilación alguna, anunciar a Cristo a la gente. *(Discurso en la catedral de Vicenza, Italia,* 8-9-1991).

Jesús dijo a los Apóstoles que el Espíritu Santo convencerá del pecado. Es verdad, pero este convencimiento del pecado –convencimiento que viene del Espíritu Santo– es precisamente la evangelización, porque el Espíritu Santo, si convence del pecado, convence para sacar al hombre de él, para salvarlo, para sanarlo y santificarlo. Y este es el núcleo de la evangelización (...). Luego están, naturalmente, los problemas que nuestra civilización incrementa, como frutos de la **anti-evangelización.** Al hablar de esta anti-evangelización, no debemos pensar solo en algo que viene de fuera. Esta anti-evangelización viene también de dentro, pues en cada uno de nosotros encontramos el *fomes peccati (inclinación al pecado).* El problema de la evangelización consiste en cómo vencer el *fomes peccati,* cómo

vencer el pecado con el amor. El de la anti-evangelización consiste en cómo destruir el amor con el pecado,
aprovechando este *fomes peccati*, que está en cada uno.
(*Discurso al clero de la diócesis de Roma*, 5-3-1992).

Países y naciones enteras, en los que en un tiempo
la religión y la vida cristiana fueron florecientes y capaces de dar origen a comunidades de fe viva y ope-
rativa, están ahora sometidos a dura prueba e incluso
alguna que otra vez son radicalmente transformados
por el *continuo difundirse del indiferentismo, del secularismo y del ateísmo*. Se trata, en concreto, de países
y naciones del llamado Primer Mundo, en el que el
bienestar económico y el consumismo –si bien entre-
mezclado con espantosas situaciones de pobreza y mi-
seri– inspiran y sostienen una existencia vivida «como
si no hubiera Dios». Ahora bien, el indiferentismo
religioso y la total irrelevancia práctica de Dios para
resolver los problemas, incluso graves, de la vida, no
son menos preocupantes y desoladores que el ateísmo
declarado. Y también la fe cristiana –aunque sobrevi-
ve en algunas manifestaciones tradicionales y ceremo-
niales– tiende a ser arrancada de cuajo de los momentos más significativos de la existencia humana, como
son los momentos del nacer, del sufrir y del morir. De
ahí proviene el afianzarse de interrogantes y de grandes enigmas, que, al quedar sin respuesta, exponen al
hombre contemporáneo a inconsolables decepciones,
o a la tentación de suprimir la misma vida humana
que plantea esos problemas.

En cambio, en otras regiones o naciones todavía se conservan muy vivas las tradiciones de piedad y de religiosidad popular cristiana; pero este patrimonio moral y espiritual corre hoy el riesgo de ser desperdigado bajo el impacto de múltiples procesos, entre los que destacan *la secularización y la difusión de las sectas*. Solo una nueva evangelización puede asegurar el crecimiento de una fe límpida y profunda, capaz de hacer de estas tradiciones una fuerza de auténtica libertad. (*Christifideles laici,* 1988, 34ab).

Se da una situación, especialmente en los países de antigua cristiandad, pero a veces también en las Iglesias más jóvenes, donde grupos enteros de bautizados *han perdido el sentido vivo de la fe* o incluso no se reconocen ya como miembros de Cristo y de su Evangelio. En este caso es necesaria una "nueva evangelización" o "revangelización". (*Redemptoris missio,* 1990, 33d).

En países tradicionalmente cristianos hay regiones confiadas al régimen especial de la misión *ad gentes*, *grupos y áreas no evangelizados*. Se impone, pues, incluso en estos países, no solo una nueva evangelización, sino también, en algunos casos, una primera evangelización. (*Redemptoris missio,* 1990, 37c).

Un serio examen de conciencia ha sido auspiciado por numerosos Cardenales y Obispos sobre todo *para la Iglesia del presente*. A las puertas del nuevo Milenio los cristianos deben ponerse humildemente ante el

Señor para interrogarse *sobre las responsabilidades que ellos tienen también en relación a* **los males de nuestro tiempo.** La época actual junto a muchas luces presenta igualmente no pocas sombras. ¿Cómo callar, por ejemplo, ante la *indiferencia religiosa* que lleva a muchos hombres de hoy a vivir como si Dios no existiera o a conformarse con una religión vaga, incapaz de enfrentarse con el problema de la verdad y con el deber de la coherencia? A esto hay que añadir aún la extendida pérdida del sentido trascendente de la existencia humana y el extravío en el campo ético, incluso en los valores fundamentales del respeto a la vida y a la familia. Se impone además a los hijos de la Iglesia una verificación: ¿en qué medida están también ellos afectados por la atmósfera de *secularismo y relativismo ético*? ¿Y qué parte de responsabilidad deben reconocer también ellos, frente a la desbordante *irreligiosidad,* por no haber manifestado el genuino rostro de Dios, «a causa de los defectos de su vida religiosa, moral y social»? De hecho, no se puede negar que la vida espiritual atraviesa en muchos cristianos *un momento de incertidumbre* que afecta no solo a la vida moral, sino incluso a la oración y a la misma *rectitud teologal de la fe.* Esta, ya probada por el careo con nuestro tiempo, está a veces desorientada por posturas teológicas erróneas, que se difunden también a causa de la crisis de obediencia al Magisterio de la Iglesia.

Y sobre el testimonio de la Iglesia en nuestro tiempo, ¿cómo no sentir dolor por *la falta de discernimiento,* que a veces llega a ser aprobación, de no pocos cristianos frente a la *violación de fundamentales derechos humanos* por parte de regímenes totalitarios? ¿Y no es acaso de lamentar, entre las sombras del presente, la corresponsabilidad de tantos cristianos *en graves formas de injusticia y de marginación social?* Hay que preguntarse cuántos, entre ellos, conocen a fondo y practican coherentemente las directrices de la doctrina social de la Iglesia. (*Tertio millennio adveniente*, 1994, 36).

Las relaciones quinquenales reflejan *la secularización de la sociedad* francesa, entendida a menudo como un rechazo, en la vida social, de los valores antropológicos, religiosos y morales que la han marcado profundamente. También se siente la necesidad de un anuncio renovado del Evangelio, incluso para las personas ya bautizadas, hasta el punto de constatar que, con mucha frecuencia, un primer anuncio del Evangelio es necesario casi por doquier (cf. *Ecclesia in Europa*, 46-47). Asimismo, evocáis la disminución del número de niños catequizados, pero al mismo tiempo os alegráis por el número creciente de catecúmenos entre los jóvenes y los adultos, así como por el redescubrimiento del sacramento de la confirmación. Son signos que indican que la transmisión de la fe puede desarrollarse a pesar de las condiciones difíciles. Ojalá que las peticiones de los hombres que quieren «ver a Jesús» (*Jn* 12, 21) y llaman a la puerta de la Iglesia os ayuden a suscitar *una nueva primavera de la evangelización y de la catequesis.* Sigo con interés las reflexiones realizadas por vuestra Conferencia para proponer la fe en la sociedad actual e invitar a las comunidades diocesanas a una audacia renovada en este campo, audacia que da el amor a Cristo y a su Iglesia, y que brota de la vida sacramental y de la oración. (*Discurso al octavo grupo de obispos de Francia en visita "ad limina"*, 20-2-2004).

II
LA NUEVA EVANGELIZACIÓN PARA ESTE MUNDO SECULARIZADO

1
RASGOS Y ÁMBITOS DE LA NUEVA EVANGELIZACIÓN

Este es el *punto clave* de la *nueva evangelización:* la *fidelidad a* la persona y a la doctrina de *Cristo Jesús* (*Alocución dominical,* 16-2-1992).

Nueva evangelización significa arrojar *luz* sobre los interrogantes y *conducir nuevamente hacia el mensaje evangélico* las instancias éticas que van surgiendo en la sociedad contemporánea. (*Discurso en la catedral de Vicenza, Italia,* 8-9-1991).

La Iglesia también en el futuro seguirá siendo misionera: el carácter misionero forma parte de su naturaleza. Con la caída de los grandes sistemas anticristianos del continente europeo, del nazismo primero y después del comunismo, se impone la urgente tarea de *ofrecer nuevamente a los hombres y mujeres de Europa el mensaje liberador del Evangelio.* Además, como afirma la Encíclica *Redemptoris missio,* se repite en el mundo la situación del *Areópago de Atenas,* donde habló san Pablo. Hoy son muchos los «areópagos», y bastante diversos: son los grandes campos de la civilización contemporánea y de la cultura, de la política y de la economía. *Cuanto más se aleja Occidente de sus raíces cristianas, más se convierte en terreno de misión,* en la forma de variados «areópagos». (*Tertio millennio adveniente,* 1994, 57).

No hay tarea que pueda precisar en manera más profunda el sentido fundamental de la evangelización, del apostolado y de la pastoral. ¿De qué otra cosa se podría tratar en esta «nueva» –segunda– evangelización (después del Concilio Vaticano II), cuya necesidad la ven los episcopados de Europa, si no es precisamente de esto: la *educación de la libertad* humana? (*Discurso a los obispos polacos de Wroclaw, en "visita ad limina"*, 17-12-1987).

El anuncio se ha de expresar en toda la existencia del cristiano y en todas las situaciones; se ha de expresar *a través de la palabra*, sin la cual el valor apostólico de las buenas acciones disminuye o no se advierte; se ha de expresar *a través de las **obras de caridad***, vivo testimonio de la fe, sin olvidar las obras de misericordia espiritual y corporal. Es preciso no tener miedo de asociar la palabra de Cristo a las actividades caritativas, sin acudir al pretexto del respeto a las convicciones de los demás. No es caridad auténtica dejar a los hermanos fuera de la verdad; no es caridad alimentar a los pobres o visitar a los enfermos, llevándoles recursos humanos, pero negándoles la palabra que salva. «Todo cuanto hagáis, de palabra y de obra, hacedlo todo en nombre del Señor Jesús, dando gracias por su medio a Dios Padre» (Col 3, 17). (*Discurso a los obispos de la región italiana de Emilia-Romana, en "visita ad limina"*, 1-3-1991).

*No tengáis miedo ante los poderes de este mundo, **no retrocedáis ante las críticas ni ante las incomprensiones**. El mejor servicio que podemos hacer a nuestra sociedad es recordarle constantemente la palabra y las promesas de Dios, ofrecerle sus caminos de salvación, tan necesarios hoy como en cualquier otro momento de la historia. El ocultamiento de la verdadera doctrina, el silencio sobre aquellos puntos de la revelación cristiana que no son hoy bien aceptados por la sensibilidad cultural dominante, no es camino para una verdadera renovación de la Iglesia ni para preparar mejores tiempos de evangelización y de fe. (*Discurso a la Conferencia Episcopal Española*, 15-6-1993).

Con referencia a la nueva evangelización, se ha puesto de relieve que la *unidad de la Iglesia*, fundada en la unidad del episcopado *con Pedro y bajo Pedro*, así como ha iluminado en el Este el sufrimiento a causa de las violencias y los atropellos, de la misma manera pueda sostener también a los pastores y a los fieles sometidos a las tentaciones de la sociedad de hoy (*Discurso a la Asamblea especial del Sínodo de Europa*, 13-12-1991).

La obra urgente de la nueva evangelización, que se impone en este momento histórico, exige que *todos los creyentes estén unidos en la profesión de la fe* en Dios uno y trino y en el Hijo de Dios encarnado, redentor de la humanidad. De este modo, mediante el esfuerzo constante de la estima mutua y la comprensión, dan testimonio ante el mundo de la esperanza que hay en ellos (cf. 1P 3,15). La asamblea especial para Europa

del Sínodo de los Obispos, con su llamamiento a ser
testigos de Cristo que nos ha liberado, ha centrado la atención de todos los cristianos en la necesidad apremiante de la cooperación ecuménica en la misión evangelizadora. En la declaración conclusa de dicha asamblea,
los padres sinodales afirmaron explícitamente: «Nos
hemos persuadido aún más de que la nueva evangelización es una obligación común de todos los cristianos y de que de esto depende la credibilidad de la
Iglesia». (*Alocución dominical,* 19-1-1992).

Recordar la primigenia índole misionera de la Iglesia significa testimoniar esencialmente que *la tarea de
la inculturación,* como *difusión integral del Evangelio* y de
su consiguiente adaptación al pensamiento y a la vida,
sigue aún hoy y constituye el corazón, el medio y el
objetivo de la «nueva evangelización». Para una tarea
tan elevada resuena siempre la promesa de Jesús: «Y
he aquí que yo estoy con vosotros», allí donde la palabra y los signos del Evangelio encuentran al hombre
de cualquier edad, condición y cultura: «Yo estoy con
vosotros todos los días hasta el fin del mundo» (Mt 28,
20). (*Discurso a los participantes en la VII Sesión del Consejo Internacional para la Catequesis,* 26-9-1992).

En la nueva evangelización, la educación cristiana
es la *asimilación de la cultura cristiana.* Y solo cuando ese proceso adquiera su profundidad, será posible
calificar a una persona o a un pueblo plenamente cristiano. (*Discurso a la Asamblea de la Congregación para la
Educación Católica,* 9-11-1992).

Especialmente encargaos de la difusión de la *doctrina social de la Iglesia*, para hacer de ella un «instrumento de evangelización» que permita volver a encontrar el camino que lleva a la felicidad temporal, digna imagen de la felicidad eterna a la que Dios nos invita. (*Discurso a la Asamblea Plenaria del Consejo Pontificio Justicia y Paz*, 12-11-1992).

La "nueva evangelización", de la que el mundo moderno tiene urgente necesidad y sobre la cual he insistido en más de una ocasión, debe incluir entre sus elementos esenciales *el anuncio de la doctrina social de la Iglesia*, que, como en tiempos de León XIII, sigue siendo idónea para indicar el recto camino a la hora de dar respuesta a los grandes desafíos de la edad contemporánea, mientras crece el descrédito de las ideologías. Como entonces, hay que repetir *que no existe verdadera solución para la "cuestión social" fuera del Evangelio* y que, por otra parte, las "cosas nuevas" pueden hallar en él su propio espacio de verdad y el debido planteamiento moral. (*Centesimus annus*, 1991, 5f).

Uno de los contenidos más importantes de la nueva evangelización es el anuncio del «*evangelio del trabajo*», que presenté en mi encíclica *Laborem exercens* y que, en las condiciones actuales, se ha vuelto indispensable. Supone una pastoral de los trabajadores intensa y dinámica, tan necesaria hoy como en el pasado, respecto al cual, en ciertos aspectos, es más difícil aún. (*Discurso a los obispos polacos, en "visita ad limina"*, 15-1-1993).

Han venido de todos los continentes para participar en la asamblea plenaria del *Consejo Pontificio para las Comunicaciones Sociales.* Conscientes de que en la nueva evangelización, que deberá preparar el alba del tercer milenio cristiano, «el multiforme apostolado de la Iglesia en materia de *medios de comunicación* deberá vigorizarse con creciente eficacia» *(IM, 18)*. (*Discurso a la Asamblea del Consejo Pontificio para las Comunicaciones Sociales,* 12-3-1993).

Todos los evangelizadores han de prestar también una *atención especial a la catequesis.* Al comienzo de mi Pontificado quise dar nuevo impulso a esta labor pastoral mediante la Exhortación apostólica *Catechesi tradendae,* y recientemente he aprobado el *Catecismo de la Iglesia Católica,* que presento como el mejor don que la Iglesia puede hacer a sus obispos y a todo el Pueblo de Dios. Se trata de un valioso instrumento para la nueva evangelización, donde se compendia toda la doctrina que la Iglesia ha de enseñar. (*Discurso a la IV Asamblea del CELAM,* 12-10-1992).

Se trata (la nueva evangelización) de una exigencia que brota, ante todo, de la conciencia de que *la proclamación del Evangelio* no es algo concluido, sino que *ha de renovarse* siempre, conscientes como somos de la extraordinaria riqueza del don que se nos da y de la insuficiencia de nuestra aceptación, por más generosa que sea. Esa exigencia está también ligada a la constatación del viraje que en nuestra época están viviendo la cultura y la vida de los pueblos de Europa, atravesadas por una crisis de conciencia colectiva, que amenaza con oscurecer o incluso arrancar sus raíces cristianas. (*Discurso a la Conferencia Episcopal Italiana*, 14-5-1992).

Después de los grandes cambios sociales, que estaban transformando el rostro político de una gran parte del continente europeo, se me ocurrió casi espontáneamente el tema de la liberación. Después de una larga opresión –pensé– la libertad exterior no puede prescindir de la libertad interior: si han caído las cadenas en el campo político, es necesario que restablezcamos la primera y principal libertad, la auténtica libertad, que es *la libertad con que Cristo nos ha liberado* (cf. Ga 5, 1). Y los creyentes –seguía pensando– están llamados a ser entre sus hermanos los heraldos y los testigos de esa libertad fundamental. Esta fue la génesis, a la vez subjetiva y objetiva, de la reciente asamblea (Sínodo de los Obispos de Europa) que, con la ayuda de Dios, quiere ser una contribución que ofrece la Iglesia a los pueblos de Europa, a fin de que descubran sus *raíces* comunes y puedan edificar su *casa común*. (*Discurso a la Curia Romana*, 23-12-1991).

La nueva evangelización, que no me canso de invocar y de proponer, debe insistir en este feliz anuncio: Dios, autor de la vida, *tiene para cada uno un **proyecto muy especial de felicidad y de eternidad.*** Solo pide que nos adhiramos a ese proyecto, que confiemos en su amor, que orientemos hacia él nuestra vida personal y social, aceptando conocerlo, amarlo y servirlo. Toda la

Iglesia de Emilia-Romagna debe repetir incansablemente el grito de Pablo: «En nombre de Cristo os su-
plicamos: ¡reconciliaos con Dios!» (2Co 5,20). Es necesario que la Iglesia de Emilia-Romagna *entre en estado
de misión*. Si el pastor de la parábola no está tranquilo
porque ha perdido el uno por ciento de su grey, las
comunidades cristianas no pueden estar tranquilas
viendo la perdición dolorosa y mortal de tantos hermanos, cuya vida carece cada vez más de sentido. (*Discurso a los obispos de la región italiana de Emilia-Romana, en
"visita ad limina"*, 1-3-1991).

Proclamar la verdad

En su perenne solicitud para con los fieles, la Iglesia, madre y maestra, se preocupa siempre por las situaciones conflictivas y extremadamente complejas de
la vida del hombre y de la sociedad contemporánea,
cuyo camino moral resulta a menudo fatigoso a causa
de las dificultades, las debilidades y las situaciones
dolorosas (cf. *Veritatis splendor*, 95). Sin embargo, la
Iglesia, en su solicitud pastoral, no puede olvidarse de
que la genuina compasión y la verdadera comprensión significan amor a la persona, al Bien supremo y a
la auténtica libertad, que no se puede separar de una
opción fundamental por el sumo Bien. Si debilita la
verdad moral y descuida los verdaderos valores, la
Iglesia no cumplirá su misión en favor de los hombres.
La Iglesia, por obediencia al Señor, que no vino a juz-
gar sino a salvar, debe manifestar *misericordia* a las

personas, pero sin renunciar por ello al principio de *la verdad* y de la coherencia, por el cual no se puede llamar al bien mal y al mal bien. No disminuir en nada la doctrina salvífica de Cristo es una forma eminente de caridad para con las almas. (*Discurso a los obispos brasileños, en "visita ad limina"*, 18-10-1995).

El hilo conductor de nuestro Sínodo nos impulsa a volver a leer *toda* **la verdad acerca del hombre**, tal como nos la recordó el Concilio Vaticano II. Cristo «manifiesta plenamente el hombre al propio hombre y le descubre la sublimidad de su vocación» (*GS*, 22). De este modo, *la evangelización* se une estrechamente a la *antropología*. «El hombre, única criatura terrestre a la que Dios ha amado por sí mismo, no puede encontrar su propia plenitud, si no es en la entrega sincera de sí mismo a los demás» (*GS*, 24). Cristo, Hijo de Dios, ha revelado al hombre precisamente esta *verdad acerca del hombre*, sobre todo con su misma vida. La evangelización es siempre el camino según esa verdad. En la actual etapa de la historia, la evangelización debe tomar como tarea propia esta verdad acerca del hombre, *superando las diversas formas de «reducción antropológica»*. Esto tiene una actualidad especial en nuestro continente. (*Discurso a la asamblea Especial del Sínodo de Europa*, 13-12-1991).

La nueva evangelización no consiste en un «nuevo evangelio», que surgiría siempre de nosotros mismos, de nuestra cultura, de nuestros análisis de las necesidades del hombre. Por ello, no sería «evangelio», sino mera invención humana, y no habría en él salvación. Tampoco consiste en recortar del Evangelio todo aquello que parece difícilmente asimilable para la mentalidad de hoy. No es la cultura la medida del Evangelio, sino Jesucristo la medida de toda cultura y de toda obra humana. No, la nueva evangelización no nace del deseo de «agradar a los hom bres» o de «buscar su favor» (Ga 1, 10), sino de la responsabilidad para con el don que Dios nos ha hecho en Cristo, en el que accedemos a la *verdad sobre Dios y sobre el hombre*, y a la posibilidad de la vida verdadera. (*Discurso en la inauguración de la IV Asamblea del CELAM*, 12-10-1992).

No podemos permitir las interpretaciones de la libertad que la hacen prisionera de sí misma, encerrándola en el ámbito de lo relativo y lo efímero, y suprimiendo o ignorando *su relación vital con la verdad*. El desafío más importante y difícil que debe afrontar quien quiera encarnar el Evangelio en la cultura y en la sociedad actual es el de hacer comprender que *las exigencias de la verdad y la moralidad no menoscaban ni anulan nuestra libertad*, sino que, por el contrario, le permiten crecer y la libran de las amenazas que lleva en su interior. (*Discurso eclesial en Palermo, Italia*, 23-11-1995).

La *filosofía* es como el espejo en el que se refleja la cultura de los pueblos. Una filosofía que, impulsada por las exigencias de la teología, se desarrolla en coherencia con la fe, forma parte de la «evangelización de la cultura» que Pablo VI propuso como uno de los objetivos fundamentales de la evangelización (*EN*, 20). A la vez que no me canso de recordar la urgencia de una *nueva evangelización*, me dirijo a los filósofos para que **profundicen en las dimensiones de la verdad, del bien y de la belleza,** a las que conduce la palabra de Dios. Esto es más urgente aún si se consideran los retos que el nuevo milenio trae consigo y que afectan de modo particular a las regiones y culturas de antigua tradición cristiana. Esta atención debe considerarse también como una aportación fundamental y original en el camino de la nueva evangelización. (*Fides et ratio*, 1998, 103).

Palabra de vida y testimonio de santidad

«Id, pues, y haced discípulos a todas las gentes» (Mt 28, 19). Esta consigna, que el Señor nos ha dejado a sus discípulos, aunque es válida para todas las épocas, resulta particularmente urgente ahora que nos encontramos en los umbrales del año 2000, ante las numerosas necesidades del hombre moderno, unas veces no reconocidas, y otras incluso disimuladas o reprimidas. Se trata de volver a *encender la esperanza* donde las sombras de muerte amenazan la serenidad y la vida misma del hombre. Se trata de reconocer los signos de los tiempos y de emprender, con espíritu misionero, la nueva evangelización de Europa. (*Discurso a la Curia Romana*, 23-12-1991).

Como lo ha subrayado el reciente Sínodo de los Obispos para Europa, hoy se hace particularmente necesaria una nueva evangelización que vuelva a proponer con fidelidad el núcleo fundamental del cristianismo: «**Dios te ama**, Cristo ha venido por ti» (CL, 34). He aquí la tarea de todos los integrantes del Pueblo de Dios; tarea apostólica que presupone y exige fidelidad a Cristo, disponibilidad generosa y capacidad para intuir los «signos de los tiempos», así como comunión de sentimientos, diálogo y atención constante a las necesidades del hombre. Pero sobre todo, exige saber escuchar y ser dóciles al Espíritu que habita en los creyentes, distribuyendo sus dones según su voluntad (cf. Hb 2, 4). (*Homilía*, 1-1-1992).

Una evangelización, que ha de renovarse sin cesar es *la claridad de la palabra* que la expresa. Nuestros contemporáneos tienen necesidad de escuchar el anuncio con palabras inteligibles. Uno de vosotros se ha referido con toda razón a la necesidad de encontrar un *lenguaje catecumenal*, a fin de que los encuentros sean diálogos reales acerca de la fe explícitamente propuesta. Favoreced la investigación en el campo de la teología, la espiritualidad, la cultura y la pedagogía, para que los miembros de la Iglesia puedan responder a los interrogantes de nuestros hermanos y hermanas de esta época, los guíen al descubrimiento de la verdad total y los inviten a vivir personal y socialmente conforme a la luz de Cristo. (*Discurso a los obispos franceses de la Región del Norte, en "visita ad limina"*, 18-1-1992).

Vuelve a descubrir tus firmes raíces cristianas, reaviva la valentía que ha caracterizado siempre tu testimonio y siente la urgencia de la nueva evangelización, que es adaptación sin compromisos, actualización sin reducciones, y salvaguardia de la identidad en la *comunión plena con la Iglesia* universal. (*Homilía en Crema, Italia,* 20-6-1992).

Nueva evangelización y misión "ad gentes" *(las misiones)*

La *formación misionera del Pueblo de Dios* es obra de la Iglesia local con la ayuda de los misioneros y de sus Institutos, así como de los miembros de las Iglesias jóvenes. Esta labor ha de ser entendida no como algo marginal, sino central en la vida cristiana. Para la misma «nueva evangelización» de los pueblos cristianos, el tema misionero puede ser de gran ayuda: en efecto, el testimonio de los misioneros conserva su atractivo incluso para los alejados y los no creyentes, y es transmisor de valores cristianos. Las Iglesias locales, por consiguiente, han de incluir la animación misionera como elemento primordial de su pastoral ordinaria en las parroquias, asociaciones y grupos, especialmente los juveniles. (*Redemptoris missio,* 1990, 83a).

No es fácil definir los confines entre *atención pastoral a los fieles, nueva evangelización* y *actividad misionera específica,* y no es pensable crear entre ellos barreras o recintos estancados. No obstante, es necesario mantener viva la solicitud por el anuncio y por la fundación de nuevas Iglesias en los pueblos y grupos humanos donde no existen, porque esta es la tarea primordial de la Iglesia, que ha sido enviada a todos los pueblos, hasta los confines dela tierra. Sin la misión *ad gentes,* la misma **dimensión misionera de la Iglesia** estaría privada de su significado fundamental y de su actuación ejemplar. (*Redemptoris misio,*1990, 34b).

La misión de la Iglesia es más vasta que la «comunión entre las Iglesias»: esta, además de la ayuda para la nueva evangelización, debe tener sobre todo una orientación con miras a la especifica *índole misionera.* Hago una llamada a todas las Iglesias, jóvenes y antiguas, para que compartan esta preocupación conmigo, favoreciendo el incremento de las vocaciones misioneras y tratando de superar las diversas dificultades. (*Redemptoris missio,* 1990, 64c).

Dios abre a la Iglesia horizontes de una humanidad más preparada para la siembra evangélica. Preveo que ha llegado el momento de dedicar todas las fuerzas eclesiales a la nueva evangelización y a la misión *ad gentes.* Ningún creyente en Cristo, ninguna institución de la Iglesia puede eludir este deber supremo: **anunciar a Cristo a todos los pueblos.** (*Redemptoris missio,* 1990, 3d).

En la historia de la humanidad son numerosos los cambios periódicos que favorecen el dinamismo misionero. La Iglesia, guiada por el Espíritu, ha respondido siempre a ellos con generosidad y previsión. Los frutos no han faltado. Hace poco se ha celebrado el milenario de la evangelización de la Rus' y de los pueblos eslavos y se está acercando la celebración del V Centenario de la evangelización de América. Asimismo se han conmemorado recientemente los centenarios de las primeras misiones en diversos Países de Asia, África y Oceanía. Hoy la Iglesia debe afrontar otros desafíos, proyectándose hacia nuevas fronteras, tanto en la primera misión *ad gentes*, como en la nueva evangelización de pueblos que han recibido ya el anuncio de Cristo. Hoy se pide a todos los cristianos, a las Iglesias particulares y a la Iglesia universal *la misma valentía que movió a los misioneros* del pasado y la misma disponibilidad para escuchar la voz del Espíritu. (*Redemptoris missio,* 1990, 30b)

La *actividad misionera* ha dado ya abundantes frutos en todas las partes del mundo, debido a lo cual hay ya Iglesias establecidas, a veces sólidas y maduras que proveen adecuadamente a las necesidades de las propias comunidades y envían también personal para la evangelización a otras Iglesias y territorios. Surge aquí el contraste con áreas de antigua cristiandad, que es necesario reevangelizar. Tanto es así que algunos se preguntan si aún se puede hablar de *actividad misionera específica* o de ámbitos precisos de la misma, o más bien se debe admitir que existe una *situación misionera única,* no habiendo en consecuencia más que una misión, igual por todas partes. (*Redemptoris missio,* 1990, 32b).

La tendencia a cerrarse puede ser fuerte: las Iglesias antiguas, comprometidas en la nueva evangelización, piensan que la misión han de realizarla en su propia casa, y corren el *riesgo de frenar el impulso hacia el mundo no cristiano*. (...) Sin embargo, dando generosamente de lo nuestro es como recibiremos; y ya hoy las Iglesias jóvenes son capaces de enviar sacerdotes, religiosos y religiosas a las antiguas. (*Redemptoris missio*, 1990, 85c).

La esperanza cristiana nos sostiene en nuestro *compromiso a fondo para la nueva evangelización y para la misión universal*, y nos lleva a pedir como Jesús nos ha enseñado: "Venga tu reino, hágase tu voluntad en la tierra como en el cielo" (Mt 6,10). (*Redemptoris missio*, 1990, 86b).

2
LA NOVEDAD DE LA NUEVA EVANGELIZACIÓN

La conmemoración del medio milenio de evangelización tendrá su significación plena si es un compromiso vuestro como obispos, junto con vuestro presbiterio y fieles; compromiso, no de re-evangelización, pero sí de *una evangelización nueva. Nueva en su ardor, en sus métodos, en su expresión.*

A este propósito permitidme que os entregue, sintetizados en breves palabras, los aspectos que me parecen presupuestos fundamentales para la nueva evangelización.

El primero se refiere a los *ministros ordenados.* Al terminar su medio milenio de existencia y a las puertas del tercer milenio cristiano, la Iglesia en América Latina necesitará tener una vitalidad, que será imposible si no cuenta con sacerdotes numerosos y bien preparados. Suscitar nuevas vocaciones y prepararlas convenientemente, en los aspectos espiritual, doctrinal y pastoral es, en un obispo, un gesto profético. Es como adelantar el futuro de la Iglesia. Os encomiendo, pues, esa tarea que costará desvelos y penas, pero traerá también alegría y esperanza.

El segundo aspecto mira a los *laicos.* No solamente la carencia de sacerdotes, sino también y sobre todo la autocomprensión de la Iglesia en América Latina, a la luz del Vaticano II y de Puebla, hablan con fuerza sobre el lugar de los laicos en la Iglesia y en la sociedad. El aproximarse del 500 aniversario de vuestra evangelización debe encontrar a los obispos, juntamente con sus Iglesias, empeñados en formar un número creciente de laicos, prontos a colaborar eficazmente en la obra evangelizadora.

Una luz que podrá orientar la nueva evangelización –y es el tercer aspecto– deberá ser la del documento de Puebla, consagrado a ese tema, en cuanto impregnado de la enseñanza del Vaticano II y coherente con el Evangelio. En este sentido es necesario que se difunda y eventualmente se recupere *la integridad* del mensaje de Puebla, sin interpretaciones deformadas, sin reduccionismos deformantes ni indebidas aplicaciones de unas partes y eclipse de otras. (*Discurso al CELAM*, Haiti, 9-3-1983).

El *nuevo ardor* se refiere principalmente a las personas, es decir, a los agentes de la pastoral, sacerdotes, almas consagradas y laicos, llamados a asumir responsablemente los compromisos de su vocación específica, con un claro testimonio de vida y con una decidida y generosa inserción en el propio ambiente. Los *nuevos métodos* indican una renovación de los medios y modos de hacer llegar el mensaje al hombre de hoy, inmerso en una sociedad que pide signos inteligibles y medios de comunicación inmediatos y eficaces. Las *nuevas expresiones* se refieren a la presentación de los contenidos doctrinales que, siendo inmutables, necesitan un lenguaje conceptual y unas motivaciones que lleguen verdaderamente al hombre en sus situaciones concretas. Así, la nueva evangelización, anuncio transparente de Jesucristo resucitado, fomentará la verdadera promoción humana y hará que los valores culturales, una vez purificados, lleguen a su plenitud en Cristo. (*Discurso a los obispos mexicanos, en "visita ad limina"*, 11-6-1994).

La *novedad* de la acción evangelizadora a que hemos convocado afecta a la actitud, al esfuerzo y a la programación o, como propuse en Haití, **al *ardor*, a los *métodos* y a la *expresión*** (cf. *Discurso a los obispos del CELAM, 9-3-1983*). *Una evangelización nueva en su ardor* supone una fe sólida, una caridad pastoral intensa y una recia fidelidad que, bajo la acción del Espíritu, generen una mística, un incontenible entusiasmo en la tarea de anunciar el Evangelio. En lenguaje neotestamentario es la «parresía» que inflama el corazón del apóstol (cf. Hch 5, 28-29; cf. *RM*, 45). Esta «parresía» ha de ser también el sello de vuestro apostolado en América. Nada puede haceros callar, pues *sois heraldos de la verdad*. La verdad de Cristo ha de iluminar las mentes y los corazones con la activa, incansable y pública proclamación de los valores cristianos. (*Discurso a la IV Asamblea del CELAM*, 12-10-1992).

El momento que estamos viviendo –al menos en no pocas sociedades–, es más bien el de un formidable desafío a la *nueva evangelización,* es decir, al anuncio del *Evangelio siempre nuevo y siempre portador de novedad,* una evangelización que debe ser «nueva en su ardor, en sus métodos y en su expresión» (Discurso al CELAM, 9-3-1983). *(Veritatis splendor,* 1993, n. 106b).

Nueva evangelización no significa un «nuevo Evangelio», porque *Jesucristo es el mismo ayer, hoy y siempre.* Nueva evangelización quiere decir: una *respuesta adecuada a los «signos de los tiempos»,* a las necesidades de los hombres y de los pueblos en este último tramo del segundo milenio cristiano. Significa, además, promoción de una nueva dimensión de justicia y de paz, así como una cultura más profundamente radicada en el Evangelio *–un hombre nuevo en Jesucristo-. (Audiencia General,* 21-10-1992).

Se trata de una «nueva» evangelización para proclamar el Evangelio de siempre, pero de una *forma «nueva».* Es «nueva» porque el ambiente social y cultural en que viven los hombres a quienes hay que evangelizar exige muchas veces una «nueva síntesis» entre fe y vida, fe y cultura. En efecto, muchos cristianos viven hoy en medio del indiferentismo, del secularismo y de difundidas actitudes de ateísmo práctico. A esto se une una concepción materialista de la vida y una permisividad moral. *(Discurso a los obispos de las provincias eclesiásticas de Burgos, Zaragoza y Pamplona, en "visita ad limina",* 7-10-1991).

Las «cosas nuevas» de la sociedad de vuestro país se relacionan íntimamente con vuestras mayores preocupaciones: la reducción del número de fieles activos en la Iglesia, el aumento de la indiferencia religiosa o la pérdida de la fe, así como la gran atracción que ejercen ciertos sincretismos. Experimentáis esta realidad todos los días, junto con la disminución de la práctica religiosa. Es un fenómeno que afecta a todas las generaciones, pero en especial a los jóvenes, y ataca tanto la vida familiar como pública. Por eso, la Iglesia católica, en vuestro país y en los demás, está invitada a comprometerse en lo que he llamado *la nueva evangelización,* que desde luego no significa subestimar el apostolado valiente y, a menudo, fructuoso realizado hasta hoy. Se trata de *dar un impulso nuevo* al camino apostólico, de *irradiar el ardor de la fe en Jesucristo,* que hemos recibido como don, y de anunciar a nuestros hermanos y hermanas de las ciudades y del campo el amor de Dios que nos ofrece la salvación en su Hijo. (*Discurso a los obispos franceses de la región del Norte, en "visita ad limina",* 18-1 1992).

Se tiene la impresión de que estamos al comienzo de *un capítulo* de la historia *realmente inédito.* Cuando hablo de «nueva evangelización» y de «nueva inculturación», pretendo referirme precisamente a la tarea a la que la hora presente llama a los cristianos. Hay que pensar en el compromiso de siempre *con mentalidad nueva,* tratando de reconocer las indicaciones que vienen de los «signos de los tiempos». Hay que hacerlo *con tempestividad y empeño.* (*Discurso en Ferrara, Italia,* 23-9-1990).

Las palabras y las obras de todas las hijas y de todos los hijos de Lituania se transformen en una *nueva evangelización.* Nueva *no en el contenido,* que sigue siendo el mismo anuncio de Cristo muerto y resucitado por la salvación del mundo, sino *nueva en los métodos y las formas* adecuados para responder a los retos de nuestro tiempo. Para que se renueve la *faz* de toda vuestra tierra, invoquemos con fe apasionada: «Ven, Espíritu Santo, ven y renueva la faz de la tierra». (*Homilía en Kaunas, Lituania,* 6-9-1993).

La nueva evangelización necesita *nuevos testigos,* es decir, personas que hayan experimentado la transformación real de su vida en su contacto con Jesucristo y que sean capaces de transmitir esa experiencia a otros. Y necesita también *nuevas comunidades* «en las cuales la fe consiga liberar y realizar todo su originario significado de adhesión a la persona de Cristo y a su Evangelio, de encuentro y de comunión sacramental con Él, de existencia vivida en la caridad y en el servicio» (*Christifideles laici,* 14). (*Discurso al Capítulo general de los Misioneros Hijos del Corazón Inmaculado de María,* 19-9-1991).

3
ESPÍRITU Y PRÁCTICA
DE LA NUEVA EVANGELIZACIÓN

Centrada en Cristo. La Eucaristía

La Asamblea especial para África, en este período en que el continente africano bajo algunos aspectos está en situaciones críticas, ha querido presentarse como *Sínodo de la resurrección, Sínodo de la esperanza (...)*. *¡Cristo, nuestra esperanza, vive y nosotros también viviremos!* ¡África no está orientada a la muerte, sino a la vida! Es necesario, pues, que la nueva evangelización esté centrada en el **encuentro con** *la persona viva* **de Cristo**. El primer anuncio debe tender, por tanto, a hacer que todos vivan esa experiencia transformadora y entusiasmante de Jesucristo, que llama a seguirlo en una aventura de fe. (*Exhortación apostólica "Ecclesia in África"*, 14-9-1995, n. 57a-b).

Pedid conmigo a Jesucristo, el Señor, muerto por los pecados y resucitado para nuestra salvación, que, después de este Congreso eucarístico, toda la Iglesia salga *fortalecida para la nueva evangelización que mundo entero necesita: **nueva, también por la referencia explícita y profunda a la Eucaristía***, como centro y raíz de la vida cristiana, como siembra y exigencia de fraternidad, de justicia, de servicio a todo hombres, empezando por los más necesitados en su cuerpo y en su espíritu.

Evangelización *para* la Eucaristía, *en* la Eucaristía y *desde* la Eucaristía: son tres aspectos inseparables de cómo la Iglesia vive el misterio ¿Cristo y cumple su misión de comunicarlo a todos los hombres. (*Homilía en la adoración eucarística de Sevilla*, 12-6-1993).

Las tareas de la *nueva evangelización* es el gran reto de la Iglesia de hoy. Se trata de evangelizar *para* la Eucaristía, *en* la Eucaristía y *desde* la Eucaristía, pues la proclamación de la Palabra de Dios y su anuncio a todos los pueblos tiene su centro y culmen en el sacrificio redentor de Cristo (cf. *Presbyterorum ordinis*, 5). (*Carta en el primer aniversario del XLV Congreso Eucarístico Internacional*, 5-6-1994).

El anuncio halla algunos obstáculos: se trata de una lucha contra el mundo, ese mundo que no ha reconocido a Cristo (cf. Jn 1, 10) y que pone en práctica todas sus fuerzas para rechazarlo. Cristo ha vencido al mundo: «y lo que ha conseguido la victoria sobre el mundo es nuestra fe» (1Jn 5, 4). *Que la oración, y sobre todo la Eucaristía,* fuente, coronamiento y alimento de la vida cristiana, *sean vuestra fuerza.* Especialmente la Eucaristía, celebrada por la comunidad cristiana el domingo, debe recuperar su original significado religioso de «día del Señor», así como su relevancia social de día de descanso y de encuentro personal. (*Discurso a los obispos de la región italiana de Emilia-Romana, en "visita ad limina"*, 1-3-1991).

Con la presente Carta encíclica, deseo suscitar este «asombro» eucarístico, en continuidad con la herencia jubilar que he querido dejar a la Iglesia con la Carta apostólica *Novo millennio ineunte* y con su coronamiento mariano *Rosarium Virginis Mariae*. Contemplar el rostro de Cristo, y contemplarlo con María, es el «programa» que he indicado a la Iglesia en el alba del tercer milenio, invitándola a remar mar adentro en las aguas de la historia con el entusiasmo de la nueva evangelización. Contemplar a Cristo implica saber reconocerle dondequiera que Él se manifieste, en sus multiformes presencias, pero sobre todo en el Sacramento vivo de su cuerpo y de su sangre. *La Iglesia vive del Cristo eucarístico*, de Él se alimenta y por Él es iluminada. La Eucaristía es misterio de fe y, al mismo tiempo, « misterio de luz ». (Carta Apost. *Rosarium Virginis Mariae*, 16-10-2002, 21). Cada vez que la Iglesia la celebra, los fieles pueden revivir de algún modo la experiencia de los dos discípulos de Emaús: «Entonces se les abrieron los ojos y le reconocieron» (*Lc* 24, 31). (*Ecclesia de Eucharistia*, 2003, 6)

Salir a buscar a los que se alejaron

«Boga mar adentro, y echad vuestras redes para pescar» (Lc 5,4).Cristo se dirige hoy a la Iglesia con esta exhortación. *La nueva evangelización es una gran pesca de almas*. La tarea es enorme y no faltan dificultades, barreras y obstáculos. Los pescadores están amenazados por el cansancio y, a veces, por el desaliento: «Maestro, hemos estado bogando toda la noche y no hemos pescado nada» (Lc 5, 5), dice Pedro. La lógica de la evangelización no es, sin embargo, una lógica puramente humana. Frente a la amplitud de los compromisos, es necesario repetir el acto de fe y de confianza en el Maestro que hizo Pedro: «En tu palabra, echaré las redes» (Lc 5, 6). La respuesta es inmediata: «Y haciéndolo así, pescaron gran cantidad de peces, de modo que las redes amenazaban romperse» (Lc 5, 6). (*Discurso a los obispos polacos, en "visita ad limina"*, 12-1-1993).

La Iglesia española, fiel a la riqueza espiritual que la ha caracterizado a través de su historia, ha de ser en la hora presente *fermento del Evangelio para la animación y transformación de las realidades temporales,* con el dinamismo de la esperanza y la fuerza del amor cristiano. En una sociedad pluralista como la vuestra, se hace necesaria una mayor y más incisiva presencia católica, individual y asociada, en los diversos campos de la vida pública. Es por ello inaceptable, como contrario al Evangelio, la pretensión de reducir la religión al ámbito de lo estrictamente privado, olvidando paradójicamente la dimensión esencialmente pública y social de la persona humana. ¡*Salid, pues, a la calle,* vivid vuestra fe con alegría, aportad a los hombres la salvación de Cristo que debe penetrar en la familia, en la escuela y en la vida política! Éste es el culto y el testimonio de fe a que nos invita también la presente ceremonia de la dedicaron de la catedral de Madrid. (*Homilía en Madrid,* 15-6-1993).

No tengáis miedo de *salir a las calles y a los lugares públicos*, como los primeros Apóstoles que predicaban a Cristo y la buena de la salvación en las plazas de las ciudades, de los pueblos y de las aldeas. No es tiempo de avergonzarse del Evangelio (cf. Rm 1, 16). Es tiempo de predicarlo desde los terrados (cf. Mt 10, 27). No tengáis miedo de romper con los estilos de vida confortables y rutinarios, para aceptar el reto de dar a conocer a Cristo en la metrópoli moderna. Debéis ir a «los cruces de los caminos» (Mt 22, 9) e invitar a todos los que encontréis al banquete que Dios ha preparado para su pueblo. No hay que esconder el Evangelio por miedo o indiferencia. No fue pensado para tenerlo escondido. Hay que ponerlo en el candelero, para que la gente pueda ver su luz y alabe a nuestro Padre celestial (cf. Mt 5, 15-16) (...). La Iglesia os pide que vayáis con la fuerza del Espíritu Santo, a los que están cerca y a los que están lejos. Compartid con ellos la libertad que habéis hallado en Cristo. La gente tiene sed de auténtica libertad interior. (*Discurso en la vigilia de oración de la VIII Jornada Mundial de la Juventud en Denver, EE.UU,* 14-8-1993).

La evangelización a la que está llamada la Iglesia en este final de milenio debe ser, como he repetido muchas veces, nueva en su ardor, en sus métodos y en su expresión. Este ardor, como dije en Santo Domingo, «supone una fe sólida, una caridad pastoral intensa y una recia fidelidad que, bajo la acción del Espíritu, generen una mística, un incontenible entusiasmo en la tarea de anunciar el Evangelio. En lenguaje neotestamentario es la parresía que inflama el corazón del apóstol» (Discurso al CELAM, 12-12-1992). Llaman la atención el proselitismo a cualquier precio y el entusiasmo de los agentes de las sectas y de algunos movimientos pseudoespirituales. ¿No habrá disminuido el esfuerzo por *salir a buscar las ovejas que se han alejado*? Al contrario de lo que sucede en la parábola evangélica, no solo está perdida una que otra oveja, sino una parte del rebaño. (...) Queridos hermanos, eso muestra que no basta llamar, convocar y esperar que las personas vengan. Como dice otro lema de la acción pastoral de una de vuestras diócesis, debéis ser *una Iglesia que sale al encuentro del pueblo*. Debéis ser una Iglesia que busque a las personas y las invite no solo a través de la llamada general de los medios de comunicación, sino también de la *invitación personal, de casa en casa, de calle en calle*, mediante un trabajo permanente y respetuoso, pero presente en todos los lugares y ambientes. (*Discurso al II grupo de obispos brasileños, en "visita ad limina"*, 5-9-1995).

¡No os asustéis ante la difícil tarea de una *reevangelización* en vuestra patria! Si hoy muchas personas no encuentran ya a la Iglesia, esta debe *salir en su búsqueda*. Debemos preocuparnos también de aquellos que nunca, o solo en contadas ocasiones, están entre nosotros. La pastoral en nuestra modernas ciudades industriales debe ser hoy fundamentalmente misionera. No podemos conformarnos con el pequeño rebaño de los más fieles, sino que continuamente debemos invitar y solicitar *a todos*. (*Discurso a los obispos del Noroeste de Alemania Federal*, 23-1-1988).

III
LOS AGENTES DE LA
NUEVA EVANGELIZACIÓN

1
LA INICIATIVA ES DE DIOS ESPÍRITU SANTO

Sabemos bien que *el agente principal de la nueva evangelización es el Espíritu Santo*. Por eso, solo podemos ser cooperadores en la evangelización si permitimos que el Espíritu habite en nosotros y nos modele, viviendo según el Espíritu y dirigiéndonos al Padre en el Espíritu (cf. Rm 8,1-17). El seguimiento de Cristo, por encima de cualquier consideración humana, la alabanza y la acción de gracias a Dios, la penitencia y la conversión del corazón y de la vida son, por consiguiente, la condición fundamental para la Iglesia de la nueva evangelización, que no pone su confianza en sí misma o en los medios terrenos, sino en la presencia y en la acción del Señor. (...) *Ya no es posible caer en el engaño,* dado que los signos de descristianización, al igual que la pérdida de los valores humanos y morales fundamentales, se han vuelto demasiado evidentes. En realidad, esos valores, aunque brotan de la ley moral inscrita en el corazón de todo hombre, difícilmente se mantienen, en la vida ordinaria, en la cultura y en la sociedad, cuando falta o se debilita la raíz de la fe en Dios y en Jesucristo. (*Discurso eclesial en Palermo, Italia,* 23-11-1995).

El *Espíritu* es, también, para nuestra época, *el agente principal de la nueva evangelización.* Será, por tanto, importante descubrir al Espíritu como aquel que construye el reino de Dios en el curso de la historia y prepara su plena manifestación en Jesucristo, animando a los hombres en su corazón y haciendo germinar dentro de la vivencia humana las semillas de la salvación definitiva que se dará al final de los tiempos. (*Carta apostólica "Tertio millennio adveniente"*, 10-11-1994, n. 45b).

En la raíz de la nueva evangelización y de la vida moral, que ella propone y suscita en sus frutos de santidad y acción misionera, *está el Espíritu de Cristo*, principio y fuerza de la fecundidad de la santa Madre Iglesia, como nos recuerda Pablo VI: «No habrá nunca evangelización posible sin la acción del Espíritu Santo» *(Evangelii nuntiandi*, 8-12-1975). Al Espíritu de Jesús, acogido por el corazón humilde y dócil del creyente, se debe, por tanto, el florecer de la vida moral cristiana y el testimonio de la santidad en la gran variedad de las vocaciones, de los dones, de las responsabilidades y de las condiciones y situaciones de vida. Es el Espíritu Santo –afirmaba ya Novaciano, expresando de esta forma la fe auténtica de la Iglesia– «aquel que ha dado firmeza a las almas y a las mentes de los discípulos, aquel que ha iluminado en ellos las cosas divinas; fortalecidos por él, los discípulos no tuvieron temor ni de las cárceles ni de las cadenas por el nombre del Señor; más aún, despreciaron a los mismos poderes y tormentos del mundo, armados ahora y fortalecidos por medio de él, teniendo en sí los dones que este mismo Espíritu dona y envía como alhajas a la Iglesia, esposa de Cristo. En efecto, es él quien suscita a los profetas en la Iglesia, instruye a los maestros, sugiere las palabras, realiza prodigios y curaciones, produce obras admirables, concede el discernimiento de los espíritus, asigna las tareas de gobierno, inspira los consejos, reparte y armoniza cualquier otro don carismático y, por esto, perfecciona completamente, por todas partes y en todo, a la Iglesia del Señor» (*De Trinitate*, XXIX, 9-10: CCL 4,70). (*Veritatis splendor*, 1993, 108a).

La nueva evangelización «no viene de la voluntad de los hombres, que deciden hacerse propagadores de su fe. *Nace del Espíritu* que impulsa a la Iglesia a difundirse» (Discurso, 12-2-1988). Todo el que ha recibido el Espíritu Santo, todo el que ha sido bautizado y confirmado, está llamado a ser evangelizador. (*Discurso a la Federación de las Conferencias Episcopales de Asia*, 15-1-1995).

La evangelización debe abarcar al hombre y a la sociedad en todos los niveles de su existencia. Se manifiesta en diversas actividades, en particular, en las que tomó específicamente en consideración el Sínodo: anuncio, inculturación, diálogo, justicia y paz, medios de comunicación. Para que esta misión se logre plenamente, es necesario actuar de modo que en la evangelización el *recurso al Espíritu Santo* sea insistente, para que se realice un continuo Pentecostés, en el que María, como en el primero, tenga su lugar. En efecto, el Espíritu Santo guía a la Iglesia hacia la verdad completa (cf. Jn 16, 13) y le permite ir al encuentro del mundo para testimoniar a Cristo con segura confianza. *(Ecclesia in Africa*, 1995, n. 57c).

2
TODA LA IGLESIA DE CRISTO

En los umbrales del tercer milenio, *toda la Iglesia*, pastores y fieles, ha de sentir con más fuerza su responsabilidad de obedecer al mandato de Cristo: «Id por todo el mundo y proclamad la Buena Nueva a toda la creación» (Mc 16, 15), renovando su empuje misionero. Una grande, comprometedora y magnífica empresa ha sido confiada a la Iglesia: la de una *nueva evangelización*, de la que el mundo actual tiene una gran necesidad. Los fieles laicos han de sentirse parte viva y responsable de esta empresa, llamados como están a anunciar y a vivir el Evangelio en el servicio a los valores y a las exigencias de las personas y de la sociedad. *(Chistifideles laici*, 1988, n. 64h).

Toda la Iglesia se está preparando para el tercer milenio cristiano. El desafío del Gran Jubileo del año 2000 es la *nueva evangelización:* una profundización de *la fe y una respuesta vigorosa a la vocación cristiana a la santidad y al servicio.* El Sucesor de Pedro ha venido a Baltimore para exhortar a cada uno de vosotros a tener la valentía de dar testimonio del Evangelio de nuestra redención. *(Homilía en Baltimore, EE.UU.,* 8-10-1995).

En la Iglesia todos estamos llamados a anunciar la
buena nueva de Jesucristo, a comunicarla de una manera cada vez más plena a los creyentes (cf. Col 3, 16) y
a darla a conocer a los no creyentes (cf. 1P 3,15). Ningún cristiano puede quedar exento de esta tarea, que
deriva de los mismos sacramentos del Bautismo y la
Confirmación, y actúa bajo el impulso del Espíritu
Santo. Así pues, es preciso decir en seguida que la
evangelización no está reservada a una sola clase de
miembros de la Iglesia. Con todo, los obispos son sus
protagonistas y son guías para toda la comunidad cristiana (...). En esta misión cuentan con la colaboración
de los presbíteros y, en cierta medida, de los diáconos,
según las normas y praxis de la Iglesia, tanto en los
tiempos más antiguos como en los de la *nueva evangelización*. (*Audiencia General*, 21-4-1993).

La nueva evangelización será eficaz en la medida en que contribuya a reforzar la *comunión
eclesial* en la gracia que fluye del Corazón de
Cristo. (*Carta al padre Peter-Hans Kolvenbach con
ocasión del 150 aniversario de la fundación del Apostolado de la Oración*, 3-12-1994).

Alimentarnos de la Palabra para ser «servidores de
la Palabra» en el compromiso de la evangelización, es
indudablemente una prioridad para la Iglesia al comienzo del nuevo milenio. Ha pasado ya, incluso en
los países de antigua evangelización, la situación de
una « sociedad cristiana», la cual, aún con las múltiples debilidades humanas, se basaba explícitamente

en los valores evangélicos. Hoy se ha de afrontar con valentía una situación que cada vez es más variada y comprometida, en el contexto de la globalización y de la nueva y cambiante situación de pueblos y culturas que la caracteriza. He repetido muchas veces en estos años la «llamada» a la *nueva evangelización*. La reitero ahora, sobre todo para indicar que hace falta reavivar en nosotros el impulso de los orígenes, dejándonos impregnar por el ardor de la predicación apostólica después de Pentecostés. Hemos de revivir en nosotros el sentimiento apremiante de Pablo, que exclamaba: «¡Ay de mí si no predicara el Evangelio!» (*1 Co* 9,16).

Esta pasión suscitará en la Iglesia una nueva acción misionera, que no podrá ser delegada a unos pocos «especialistas», sino que acabará por implicar la responsabilidad de **todos los miembros del Pueblo de Dios**. Quien ha encontrado verdaderamente a Cristo no puede tenerlo solo para sí, debe anunciarlo. Es necesario un nuevo impulso apostólico que sea vivido, como *compromiso cotidiano de las comunidades y de los grupos cristianos*. Sin embargo, esto debe hacerse respetando debidamente el camino siempre distinto de cada persona y atendiendo a las diversas culturas en las que ha de llegar el mensaje cristiano, de tal manera que no se nieguen los valores peculiares de cada pueblo, sino que sean purificados y llevados a su plenitud. (*Tertio millennio ineunte*, 2001, 4).

3
EL PAPA Y LOS OBISPOS

Así como el Señor resucitado confirió al Colegio apostólico encabezado por Pedro el mandato de la misión universal, así esta responsabilidad incumbe al Colegio episcopal encabezado por el Sucesor de Pedro. (*AG 19*). Consciente de esta responsabilidad, en los encuentros con los Obispos siento el deber de compartirla, con miras tanto a la nueva evangelización como a la misión universal. *Me he puesto en marcha por los caminos del mundo «para anunciar el Evangelio, para «confirmar a los hermanos» en la, fe*, para consolar a la Iglesia, para encontrar al hombre. Son viajes de fe... Son otras tantas ocasiones de catequesis itinerante, de anuncio evangélico para la prolongación, en todas las latitudes, del Evangelio y del Magisterio apostólico dilatado a las actuales esferas planetarias». (Discurso a la Curia Vaticana, 28-6-1980). (*Redemptoris missio*, 1990, 63a)

Cuando participé en las conmemoraciones del V Centenario de la Evangelización de América Latina, pedí que se diera mayor relieve a la *cultura cristiana*, para que el Evangelio de Cristo llevado a los hombres llegara a cada uno en su cultura, con la esperanza de que, a su vez, la fe de los cristianos fecundara las culturas emergentes. En América Latina se encuentra casi la mitad de los católicos del mundo. El éxito de la nueva evangelización dependerá de cómo la Iglesia, y, particularmente vosotros (*los obispos*), que lleváis sobre los hombros la pesada carga de iluminar los caminos de la grey que se os ha confiado, sepáis mantener ese *diálogo entre la cultura y la fe*. (*Discurso a los obispos brasileños de la región Nordeste-3, en "visita ad limina",* 29-9-1995).

Al considerar el misterio de la Iglesia y su misión en el mundo contemporáneo, el concilio ecuménico Vaticano II sintió la necesidad de dedicar una atención especial al oficio pastoral de los obispos. Hoy, en el umbral del tercer milenio, el desafío de **la nueva evangelización pone ulteriormente de relieve el ministerio episcopal**: el pastor es el primer responsable y animador de la comunidad eclesial, tanto en la exigencia de comunión como en la proyección misionera. Frente al relativismo y al subjetivismo que contaminan gran parte de la cultura contemporánea, *los obispos están llamados a defender y promover la unidad doctrinal* de sus fieles. Solícitos por las situaciones en las que se pierde o ignora la fe, trabajan con todas sus fuerzas en favor de la *evangelización,* preparando para ello a sacerdotes, religiosos y laicos y poniendo a su disposición los recursos necesarios (cf. *Christus Dominus,* 6). (*Homilía en el Jubileo de los Obispos,* 8-10-2000).

La asamblea plenaria del *Consejo de las Conferencias episcopales de Europa*, que se celebra en Bruselas del 19 al 23 de octubre de 2000, reviste una importancia particular durante este año del gran jubileo (...). Vuestro encuentro constituye una ocasión para desarrollar el intercambio de dones entre las Iglesias particulares y para poner en común las experiencias pastorales del oeste y del este de Europa, del norte y del sur, a fin de enriqueceros e iluminaros mutuamente y fortalecer las diferentes comunidades locales. También os permite experimentar la comunión eclesial, que es siempre un don de Dios, pero también una tarea por realizar. Para que las Iglesias católicas en Europa cumplan su misión, que es siempre la misma y siempre nueva, dado que «la Iglesia existe para evangelizar» (Pablo VI, *Evangelii nuntiandi*, 14), es importante que todos sus miembros estén abiertos a las inspiraciones del Espíritu, *para trabajar intensamente en favor de la nueva evangelización.* (*Mensaje a los participantes en la asamblea plenaria del Consejo de las Conferencias Episcopales de Europa.* 16-10-2000).

4
LOS SACERDOTES, LOS DIÁCONOS, LOS TEÓLOGOS

Se puede afirmar que la Iglesia –aunque con intensidad y modalidades diversas– ha vivido continuamente en su historia esta página del Evangelio, mediante la labor formativa dedicada a los candidatos al presbiterado y a los sacerdotes mismos. Pero hoy la Iglesia se siente llamada a revivir con un nuevo esfuerzo lo que el Maestro hizo con sus apóstoles, ya que se siente apremiada por las profundas y rápidas transformaciones de la sociedad y de las culturas de nuestro tiempo así como por la multiplicidad y diversidad de contextos en los que anuncia y da testimonio del Evangelio; también por el favorable aumento de las vocaciones sacerdotales en diversas diócesis del mundo; por la urgencia de una nueva verificación de los contenidos y métodos de la formación sacerdotal; por la preocupación de los Obispos y de sus comunidades a causa de la persistente escasez de clero; y por la absoluta necesidad de que *la nueva evangelización tenga en los sacerdotes sus primeros "nuevos evangelizadores"*. (*Pastores dabo vobis*, 1992, 2e).

Hoy, la tarea pastoral prioritaria de la nueva evangelización que atañe a todo el Pueblo de Dios y pide nuevo ardor, nuevos métodos y una nueva expresión para el anuncio y el testimonio del Evangelio, exige *sacerdotes* radical e íntegramente inmersos en el misterio de Cristo y capaces de realizar un nuevo estilo de vida pastoral, marcado por una profunda comunión con el Papa, con los Obispos y entre sí, por una colaboración fecunda con los fieles laicos, en el respeto y la promoción de los diversos cometidos de la comunidad eclesial. (*Pastores dabo vobis*, 1992, 18c).

El conocimiento amoroso y la familiaridad orante con la Palabra de Dios revisten un significado específico en el ministerio profético del *sacerdote*, para cuyo cumplimiento adecuado son una condición imprescindible, principalmente en el contexto de la "nueva evangelización". (*Pastores dabo vobis*, 1992, 47c).

Todos los *sacerdotes* están llamados a ser conscientes de la especial urgencia de su formación en la hora presente: la nueva evangelización tiene necesidad de nuevos evangelizadores, y estos son los sacerdotes que se comprometieron a vivir su sacerdocio como camino específico hacia la santidad. (*Pastores dabo vobis*, 1992, 82g).

Para la *nueva evangelización* lo principal es que haya numerosos y cualificados *evangelizadores*. Por lo mismo, hay que dar un impulso decisivo a la *pastoral vocacional* y afrontar, con acierto y esperanza, la cuestión de los *seminarios,* tanto diocesanos como religiosos, así como el problema de *Información permanente* del clero. Todo ello, según las orientaciones formuladas también en la reciente exhortación apostólica postsinodal *Pastores dabo vobis*. (*Alocución dominical*, 14-6-1992).

El fervor sincero y los métodos creativos que necesita la nueva evangelización requiere ante todo «*sacerdotes radical e íntegramente inmersos en el misterio de Cristo* y capaces de realizar un nuevo estilo de vida pastoral, marcado por la profunda comunión con el Papa, con los obispos y entre sí, y por una colaboración fecunda con los fieles laicos» *[Pastores dabo vobis*, 18).* En el centro del ministerio sacerdotal está *la celebración del santo sacrificio de la misa y los demás sacramentos, según las directrices y disciplina de la Iglesia.* No debéis escatimar ningún esfuerzo a la hora de alentar a vuestros sacerdotes para que celebren la Eucaristía todos los días, reciban con frecuencia la gracia del sacramento de la Penitencia y recen la Liturgia de las Horas en unión de intenciones con la Esposa de Cristo. El vigor de la misión de la Iglesia depende de los sacerdotes que se alimentan de la oración y arden de amor al Dios vivo (cf. Congregación para el Clero, *Directorio para la vida y el ministerio de los sacerdotes*, 38-42). El amor, el tiempo y las energías que gastáis velando por el bienestar espiritual y material de vuestros sacerdotes no puede menos de dar excelentes resultados para las Iglesias que presidís. (*Discurso a la Conferencia Episcopal de Pakistán*, 21-10-1994).

El jubileo es tiempo fuerte de verificación y purificación interior, pero también de recuperación de la dimensión misionera ínsita en el misterio mismo de

Cristo y de la Iglesia. Quien cree que Cristo Señor es el camino, la verdad y la vida; quien sabe que la Iglesia es su prolongación en la historia; quien experimenta personalmente todo esto, no puede menos de convertirse, por esta misma razón, en celoso misionero. *Queridos diáconos, sed apóstoles activos de la nueva evangelización.* Llevad a todos hacia Cristo. Que se dilate, también gracias a vuestro compromiso, su Reino en vuestra familia, en vuestro ambiente de trabajo, en la parroquia, en la diócesis y en el mundo entero. La misión, al menos en cuanto a intención y pasión, debe apremiar en el corazón de los sagrados ministros e impulsarlos hasta la entrega total de sí. No os detengáis ante nada; proseguid con fidelidad a Cristo, siguiendo el ejemplo del diácono Lorenzo, cuya venerada e insigne reliquia habéis querido que estuviera aquí, para esta ocasión. (*Discurso durante el encuentro con los diáconos permanentes con ocasión de su Jubileo*, sábado 19-2-2000).

En el contexto vivo de esta nueva evangelización, destinada a generar y a nutrir «la fe que actúa por la caridad» (*Ga* 5, 6) y en relación con la obra del Espíritu Santo, podemos comprender el puesto que en la Iglesia, comunidad de los creyentes, corresponde a la *reflexión que la teología debe desarrollar sobre la vida moral*, de la misma manera que podemos presentar la misión y responsabilidad propia de los *teólogos moralistas.* Toda la Iglesia, partícipe del «*munus propheticum*» del Señor Jesús mediante el don de su Espíritu, está llamada a la evangelización y al testimonio de una vida de fe (...). Para cumplir su misión profética, la Iglesia debe despertar continuamente o *reavivar* la propia vida de fe (cf. *2Tm* 1, 6), en especial mediante una reflexión cada vez más profunda, bajo la guía del Espíritu Santo, sobre el contenido de la fe misma. Es al servicio de esta «búsqueda creyente de la comprensión de la fe» donde se sitúa, de modo específico, *la vocación del teólogo en la Iglesia:* «Entre las vocaciones suscitadas por el Espíritu en la Iglesia –leemos en la Instrucción *Donum veritatis*– se distingue la del teólogo, que tiene la función especial de lograr, en comunión con el Magisterio, una comprensión cada vez más profunda de la palabra de Dios contenida en la Escritura inspirada y transmitida por la Tradición viva de la Iglesia. Por su propia naturaleza, la fe interpela la inteligencia, porque descubre al hombre la verdad sobre su destino y el camino para alcanzarlo. Aunque la verdad revelada supere nuestro modo de hablar y nuestros conceptos sean imperfectos frente a su insondable grandeza (cf. *Ef* 3, 19), sin embargo, invita a nuestra razón –don de Dios otorgado para captar la verdad– a entrar en el ámbito de su luz, capacitándola así para comprender en cierta medida lo que ha creído. La ciencia teológica, que busca la inteligencia de la fe respondiendo a la invitación de la voz de la verdad, ayuda al pueblo de Dios, según el mandamiento del apóstol (cf. *1P* 3, 15), a dar cuenta de su esperanza a aquellos que se lo piden» (Congr. Doc. Fe, *Instruc. Donum veritatis*, 25-5-1990). Para definir la identidad misma y, por consiguiente, realizar la misión propia de la teología, es fundamental reconocer su *íntimo y vivo nexo con la*

Iglesia, su misterio, su vida y misión: «La teología es ciencia eclesial, porque crece en la Iglesia y actúa en la Iglesia... Está al servicio de la Iglesia y por lo tanto debe sentirse dinámicamente inserta en la misión de la Iglesia, especialmente en su misión profética» (*Aloc. Pont. Universidad Gregoriana*, 15-12-1979). Por su naturaleza y dinamismo, la teología auténtica solo puede florecer y desarrollarse mediante una convencida y responsable participación y *pertenencia* a la Iglesia, como *comunidad de fe,* de la misma manera que el fruto de la investigación y la profundización teológica vuelve a esta misma Iglesia y a su vida de fe. (*Veritatis splendor,* 1993, 108b-109).

Juan de Ávila encontró el camino que dio plenitud a su vida y sentido a su actividad ministerial. Ninguna dificultad, ni siquiera el agravio de la persecución, le pudo apartar de lo que era más esencial en su vida: ser ministro y apóstol de Jesucristo. Eso mismo quiso transmitir a otros muchos, trabajando con denuedo para que los sacerdotes, con una vida interior profunda, una formación intelectual vigorosa, una fidelidad a la Iglesia indefectible y un afán constante por llevar Cristo a los hombres, respondieran adecuadamente al ambicioso proyecto de renovación eclesial de su tiempo. *Ante los retos de la nueva evangelización, su figura es aliento y luz* también para los sacerdotes de hoy que, al ser administradores de los misterios de Dios, están en el corazón mismo de la Iglesia, donde se construye sobre base firme y se reúne en la caridad. Por eso, como muestra también la preocupación de Juan de

Ávila por todos los sectores que componen y enriquecen la comunidad cristiana, el sacerdote lleva sobre sí el signo de la universalidad que caracteriza a la Iglesia de Cristo, en la cual todos los carismas son bien recibidos y nada ni nadie ha de sentirse incomprendido o relegado en la única comunidad eclesial. (*Mensaje al presidente de la Conferencia Episcopal Española, 10 de mayo de 2000, memoria litúrgica de San Juan de Ávila*)

Cada vez que celebramos la Eucaristía, la memoria de Cristo en su misterio pascual se convierte en deseo del encuentro pleno y definitivo con Él. Nosotros vivimos *en espera de su venida*. En la espiritualidad sacerdotal, esta tensión se ha de vivir *en la forma propia de la caridad pastoral* que nos compromete a vivir en medio del Pueblo de Dios para orientar su camino y alimentar su esperanza. Esta es una tarea que exige del sacerdote una actitud interior similar a la que el apóstol Pablo vivió en sí mismo: «*Olvidándome de lo que queda atrás y lanzándome hacia lo que está por delante, corro hacia la meta*» (*Flp* 3, 13-14). **El sacerdote es alguien que, no obstante el paso de los años, continua irradiando juventud** [1] como «contagiándola» a las personas que encuentra en su camino. Su secreto reside en la «pasión» que tiene por Cristo. Como decía san Pablo: «*Para mí la vida es Cristo*» (*Flp* 1, 21).

---

[1] Esto lo escribía a sus casi 85 años. Fue la última carta que escribía a los sacerdotes para su último jueves santo en la tierra. Presintiendo que no podría presidir la magna concelebración en la basílica de Letrán, les dirigió la carta desde el Policlínico Gemelli, el 13 de marzo de 2005, veinte días antes de subir al cielo.

Sobre todo en el contexto de la nueva evangelización, la gente tiene derecho a dirigirse a los sacerdotes con la esperanza de « ver » en ellos a Cristo (cf. *Jn* 12, 21). Tienen necesidad de ello particularmente los jóvenes, a los cuales Cristo sigue llamando para que sean sus amigos y para proponer a algunos la entrega total a la causa del Reino. No faltarán ciertamente vocaciones si se eleva el tono de nuestra vida sacerdotal, si fuéramos más santos, más alegres, más apasionados en el ejercicio de nuestro ministerio. Un sacerdote «conquistado» por Cristo (cf. *Flp* 3, 12) «conquista» más fácilmente a otros para que se decidan a compartir la misma aventura. *(Carta a los sacerdotes para el Jueves Santo.* Policlínico Gemelli, 13-3-2005, V domingo de Cuaresma).

5
LOS RELIGIOSOS, LAS PERSONAS CONSAGRADAS

Toda la Iglesia espera mucho del testimonio de *comunidades (religiosas)* ricas de "gozo y del Espíritu Santo" (Hch 13,52). Desea poner ante el mundo el ejemplo de comunidades en las que la atención recíproca ayuda a superar la soledad, y la comunicación contribuye a que todos se sientan responsables; en las que el perdón cicatriza las heridas, reforzando en cada uno el propósito de la comunión (...). Para presentar a la humanidad de hoy su verdadero rostro, la Iglesia necesita de semejantes comunidades fraternas. Su misma existencia representa una contribución a la nueva evangelización, puesto que muestran de manera fehaciente y concreta los frutos del "mandamiento nuevo". (*Vita consecrata*, 1996, 45b).

Para hacer frente de manera adecuada a los grandes desafíos que la historia actual pone a la nueva evangelización, se requiere que *la vida consagrada* se deje interpelar continuamente por la Palabra revelada y por los signos de los tiempos (Pablo VI, *Exhort. ap. Evangelii Nuntiandi*, 8-12-1975, 15). El recuerdo de las grandes evangelizadoras y de los grandes evangelizadores, que fueron antes grandes evangelizados, pone de manifiesto cómo, para afrontar el mundo de hoy hacen falta personas entregadas amorosamente al

Señor y a su Evangelio. «Las personas consagradas, en virtud de su vocación específica, están llamadas a manifestar la unidad entre autoevangelización y testimonio, entre renovación interior y apostólica, entre ser y actuar, poniendo de relieve que el dinamismo deriva siempre del primer elemento del binomio» (Sínodo de los Obispos, IX Asamblea general ordinaria, *Relatio ante disceptationem*, 22). La nueva evangelización, como la de siempre, será eficaz si sabe proclamar desde los tejados lo que ha vivido en la intimidad con el Señor. Para ello se requieren personalidades sólidas, animadas por el fervor de los santos. La nueva evangelización exige de los consagrados y consagradas una *plena conciencia del sentido teológico de los retos de nuestro tiempo*. Estos retos han de ser examinados con cuidadoso y común discernimiento, para lograr una renovación de la misión. La audacia con que se anuncia al Señor Jesús debe estar acompañada de la confianza en la acción de la Providencia, que actúa en el mundo y que «hace que todas las cosas, incluso los fracasos del hombre, contribuyan al bien de la Iglesia» (Juan XXIII, *Discurso de inauguración del Concilio Vaticano II*, 11-10-1962). Para una provechosa inserción de los Institutos en el proceso de la nueva evangelización es importante la fidelidad al carisma fundacional, la comunión con todos aquellos que en la Iglesia están comprometidos en la misma empresa, especialmente con los Pastores, y la cooperación con todos los hombres de buena voluntad. Esto exige un serio discernimiento de las llamadas que el Espíritu dirige a cada Instituto, tanto en aquellas regiones en las que no se vislumbran grandes progresos inmediatos, como en otras zonas donde se percibe un rebrote esperanzador. Las personas consagradas han de ser pregoneras entusiastas del Señor Jesús en todo tiempo y lugar, y estar dispuestas a responder con sabiduría evangélica a los interrogantes que hoy brotan de la inquietud del corazón humano y de sus necesidades más urgentes. (*Vita consecrata*, 1996, 81).

La tarea urgente de la misión *ad gentes* y *la nueva evangelización* exige que proclaméis a Cristo Salvador en muchos ambientes culturales diferentes. No hay que olvidar nunca que existen innumerables hombres y mujeres que aún no han oído el nombre de Jesús y a quienes no se ha ofrecido todavía el inmenso don de la salvación. Cristo es el único Salvador del mundo, la buena nueva para el hombre y la mujer de todo tiempo y lugar en su búsqueda del significado de la existencia y la verdad de su propia humanidad (cf. *Ecclesia in Asia*, 14). Todos tienen derecho a oír esta buena nueva y, por ello, la Iglesia tiene el gran deber de ir por doquier a proclamar el mensaje salvífico de Jesucristo. En esta tarea tan vital, vuestra Sociedad desempeña un papel indispensable, reafirmando *la primacía de la proclamación explícita de Jesús* como Señor, sin la cual no puede existir una verdadera evangelización. (*A los capitulares de la sociedad del Verbo Divino*, 30-6-2000).

De la fidelidad al carisma depende el futuro de vuestra congregación. Esforzaos para que la necesaria

competencia profesional vaya unida siempre a la constante búsqueda de la santidad. Ante todo, sed hombres
de oración y testigos gozosos de una indefectible fidelidad a Cristo. Que en la cima de todo proyecto esté
él, el divino Maestro, en quien debe converger toda
acción apostólica y misionera en un campo, el de *las
comunicaciones sociales, muy importante para la nueva evangelización.* Con esta orientación interior, en
plena fidelidad a la Iglesia y a sus pastores, podréis
llevar a cabo *un profundo trabajo de actualización* de la
valiosa herencia espiritual, doctrinal y apostólica que
os dejó vuestro fundador. (*Discurso al capítulo general de
la Sociedad de San Pablo.* 13-5-2004).

Es conocido el papel decisivo que desempeñaron
en la primera evangelización de Europa algunos grandes *monasterios,* centros de espiritualidad y verdaderos campo-base en el camino de la fe. Los grandes san-
tuarios –transformados hoy, también gracias a la
creciente movilidad humana, en lugares de reunión de
grandes multitudes– están destinados a desempeñar
una función análoga, con vistas a la nueva evangelización, que necesita con tanta urgencia Europa y el mundo. (*Carta con ocasión del VII centenario del santuario
mariano de la Santa Casa de Loreto,* 15-8-1993).

La Iglesia, que ha recibido de Cristo un mensaje de
liberación, tiene la misión de difundirlo proféticamen-
te, promoviendo una mentalidad y una conducta conformes a las intenciones del Señor. En este contexto la
mujer consagrada, a partir de su experiencia de Igle-

sia y de mujer en la Iglesia, puede contribuir a eliminar ciertas visiones unilaterales, que no se ajustan al pleno reconocimiento de su dignidad, de su aportación específica a la vida y a la acción pastoral y misionera de la Iglesia. Por ello es legítimo que la mujer consagrada aspire a ver reconocida más claramente su identidad, su capacidad, su misión y su responsabilidad, tanto en la conciencia eclesial como en la vida cotidiana. También en el futuro de la nueva evangelización, como en las otras formas de acción misionera, es impensable sin una renovada aportación de las mujeres, especialmente de las *mujeres consagradas*. (*Vita consecrata*, 1996, 57bc).

La evangelización es, sin duda, el desafío más fuerte y sublime que la Iglesia está llamada a afrontar. El momento que estamos viviendo es sobre todo el de un estímulo a la *nueva evangelización*, nueva en su ardor, nueva en sus métodos y en su expresión. Pero esta evangelización «comporta también el anuncio y la propuesta moral» *(Veritatis splendor*, 107), vivida en la santidad de tantos miembros del Pueblo de Dios. En el marco de la nueva evangelización, que debe suscitar y alimentar la fe, podemos comprender el lugar reservado en la Iglesia a la reflexión que la teología debe desarrollar sobre la vida moral, así como podemos presentar la misión y la responsabilidad propia de los *teólogos moralistas*. Éstos especialmente tienen una grave responsabilidad, aunque la nueva evangelización debe ser preocupación de todos. (*Discurso a los obispos brasileños, en "visita ad limina"*, 18-10-1995).

6
LOS LAICOS

a) Todos los bautizados

Una grande, comprometedora y magnífica empresa ha sido confiada a la Iglesia: la de una *nueva* evangelización, de la que el mundo actual tiene una gran necesidad. Los *fieles laicos* han de sentirse parte viva y responsable de esta empresa, llamados como están a anunciar y a vivir el Evangelio en el servicio a los valores y a las exigencias de las personas y de la sociedad. (*Christifideles laici*, 1988, 64h).

La obra de la evangelización ocupa el centro de la misión de la Iglesia en el mundo. La Iglesia comenzó con la evangelización, y se renueva constantemente mediante la evangelización. En todo tiempo y en todo lugar la predicación del Evangelio debe ser el primer deber de la Iglesia, su prioridad central. Debe ser el deber de todo obispo y todo sacerdote, de todo religioso y toda religiosa, de todo laico, hombre o mujer. Hoy, en Jamaica, al igual que en otros lugares, existe una necesidad apremiante de una *nueva evangelización*, de una nueva proclamación de Jesucristo en medio de los desafíos de nuestro tiempo. Y *todo creyente, todo miembro de la Iglesia*, está llamado a participar en esta gran tarea. La nueva evangelización está confiada, de modo especial, a los *laicos*, porque sobre todo a través de ellos la Iglesia de Cristo se hace presente en los más diversos sectores de la sociedad, como signo y fuente de esperanza y amor (cf. *Christifideles laici*, 7). Os exhorto a todos a que *compartáis con los demás la luz y el gozo de vuestra fe*. Vuestro testimonio de la buena nueva será un fermento de renovación en la vida de la Iglesia en esta isla, pues «la fe se fortalece dándola» *(Redemptoris missio*, 2). *(Homilía en Kingston, Jamaica*, 10-8-1993).

La nueva evangelización necesita un **laicado adulto y responsable**. En la misión evangelizadora, los laicos «tienen un puesto original e irremplazable: por medio de ellos la Iglesia de Cristo está presente en los más variados sectores del mundo, como signo y fuente de esperanza y de amor» *(Christifideles laici*, 17). La evangelización no debe limitarse al anuncio de un mensaje, sino que pretende «alcanzar y transformar con la fuerza del Evangelio los criterios de juicio, los valores determinantes, los puntos de interés, las líneas de pensamiento, las fuentes inspiradoras y los modelos de vida de la humanidad que están en contraste con la palabra de Dios y con su designio de salvación» *(Evangelii nuntiandi*, 19). Según esto, no debemos seguir manteniendo una situación en la que la fe y la moral cristianas se arrinconan en el ámbito de la más estricta privacidad, quedando así mutiladas de toda influencia en la vida social y pública. Por eso, desde aquí animo *a todos los fieles laicos de España* a superar toda tentación inhibicionista y a asumir con decisión y valen-

tía su propia responsabilidad de hacer presente y operante la luz del Evangelio en el mundo profesional,
social, económico, cultural y político, aportando a la
convivencia social unos valores que, precisamente por
ser genuinamente cristianos, son verdadera y radicalmente humanos. (*Homilía en Huelva*, 14-6-1993).

Solo una nueva evangelización puede asegurar el crecimiento de una fe límpida y profunda,
capaz de hacer de estas tradiciones una fuerza de
auténtica libertad. Ciertamente urge en todas
partes rehacer el entramado cristiano de la sociedad humana. Pero la condición es *que se rehaga la
cristiana trabazón de las mismas comunidades eclesiales*
que viven en estos países o naciones. **Los fieles
laicos** –debido a su participación en el oficio profético de Cristo– están plenamente implicados en
esta tarea de la Iglesia. En concreto, les corresponde testificar cómo la fe cristiana –más o menos conscientemente percibida e invocada por
todos– constituye la única respuesta plenamente válida a los problemas y expectativas que la
vida plantea a cada hombre y a cada sociedad.
Esto será posible si los fieles laicos saben superar en ellos mismos la fractura entre el Evangelio
y la vida, recomponiendo en su vida familiar cotidiana, en el trabajo y en la sociedad, esa unidad
de vida que en el Evangelio encuentra inspiración y fuerza para realizarse en plenitud.

Repito, una vez más, a todos los hombres contemporáneos el grito apasionado con el que ini-

cié mi servicio pastoral: «¡*No tengáis miedo! ¡Abrid, abrid de par en par las puertas a Cristo!* Abrid a su potestad salvadora los confines de los Estados, los sistemas tanto económicos como políticos, los dilatados campos de la cultura, de la civilización, del desarrollo. ¡No tengáis miedo! Cristo sabe lo que hay dentro del hombre. ¡Solo Él lo sabe! Tantas veces hoy el hombre no sabe qué lleva dentro, en lo profundo de su alma, de su corazón. Tan a menudo se muestra incierto ante el sentido de su vida sobre esta tierra. Está invadido por la duda que se convierte en desesperación. Permitid, por tanto –os ruego, os imploro con humildad y con confianza– permitid a Cristo que hable al hombre. Solo Él tiene palabras de vida, ¡sí! de vida eterna» (*Homilía al inicio de su Pontificado*, 22-10-1978). Abrir de par en par las puertas a Cristo, acogerlo en el ámbito de la propia humanidad no es en absoluto una amenaza para el hombre, sino que es, más bien, el único camino a recorrer si se quiere reconocer al hombre en su entera verdad y exaltarlo en sus valores.

La síntesis vital entre el Evangelio y los deberes cotidianos de la vida que los fieles laicos sabrán plasmar, será el más espléndido y convincente testimonio de que, no el miedo, sino la búsqueda y la adhesión a Cristo son el factor determinante para que el hombre viva y crezca, y para que se configuren nuevos modos de vida más conformes a la dignidad humana. *¡El hombre es amado por Dios!* Este es el simplicísimo y sorprendente anuncio del que la Iglesia es deudora respecto del hombre. La palabra y la vida de cada cristiano pueden y deben hacer resonar este anuncio: ¡Dios te ama, Cristo ha venido por ti; para ti Cristo es «el Camino, la Verdad, y la Vida!» (*Jn* 14, 6). (*Christifideles laici,* 1988, 34c-h).

Siguiendo el rumbo trazado por el Evangelio, la Iglesia de los orígenes se separa de la cultura de la época y llama a la mujer a desempeñar tareas conectadas con la evangelización. En sus Cartas, Pablo recuerda, también por su propio nombre, a *numerosas mujeres* por sus varias funciones dentro y al servicio de las primeras comunidades eclesiales (cf. *Rm* 16, 1-15; *Flp* 4, 2-3; *Col* 4, 15; *1 Co* 11, 5; *1 Tm* 5, 16). «Si el testimonio de los Apóstoles funda la Iglesia –ha dicho Pablo VI–, el de las mujeres contribuye en gran manera a nutrir la fe de las comunidades cristianas» (Pablo VI, *Discurso al Comité de organización del Año Internacional de la Mujer.* 18 Abril 1975). Como en los orígenes, así también en su desarrollo sucesivo la Iglesia siempre ha conocido –si bien en modos diversos y con distintos acentos– mujeres que han desempeñado un papel decisivo y que han ejercido funciones de considerable valor para la misma Iglesia. Es una historia inmensa de laboriosidad, humilde y escondida la mayor parte de las veces, pero no por eso menos decisiva para el crecimiento y para la santidad de la Iglesia. Es necesario que esta historia se continúe, es más, que se amplíe e intensifique ante la acrecentada y universal conciencia de la dignidad personal de la mujer y de su vocación, y ante la urgencia de una "nueva evangelización" y de una mayor "humanización" de las relaciones sociales. (*Christifideles laici,* 1988, 49gh).

Uno de los objetivos fundamentales de esta renovada e intensificada acción pastoral –que no puede dejar de implicar cordialmente a todos los componentes de la comunidad eclesial– es *considerar al enfermo,* al minusválido, al que sufre, no simplemente como término del amor y del servicio de la Iglesia, sino más bien como *sujeto activo y responsable de la obra de evangelización y de salvación.* Desde este punto de vista, la Iglesia tiene un buen mensaje que hacer resonar dentro de la sociedad y de las culturas que, habiendo perdido el *sentido del sufrir humano,* silencian cualquier forma de hablar sobre esta dura realidad de la vida. Y la Buena Noticia está en el anuncio de que el sufrir puede tener también un significado positivo para el hombre y para la misma sociedad, llamado como está a convertirse en una forma de participación en el sufrimiento salvador de Cristo y en su alegría de resucitado y, por tanto, en una fuerza de santificación y edificación de la Iglesia. (*Christifideles laici,* 1988, n. 54b).

b) La familia

Se vio (en el Concilio) sobre todo que *la familia es sujeto y objeto de la evangelización;* más aún, de una vasta evangelización. Lo hemos comprobado durante este debate, pues lo vemos todos los días, lo vemos en la experiencia de la vida social, de la vida de Roma, de toda parroquia; lo vemos también en las estadísticas, en los periódicos. Podríamos decir que en estas fuentes se encuentra más lo que es anti-evangelio, anti-evangelización, que evangelización. Contribuyen, más bien, a la anti-evangelización que a la evangelización. Nuestro encuentro ha resultado útil, porque en él se ha hablado no solo de lo que es evidente –los frutos de la anti-evangelización, que es también sistemática, incluso guiada por un centro, a veces anónimo–, sino también de la evangelización y de sus frutos, porque donde abunda el pecado –y abunda, ciertamente– debe sobreabundar la gracia. Este principio paulino es el primero y principal de nuestra evangelización y de nuestro apostolado, de nuestra labor pastoral (...) Ciertamente, la anti-evangelización busca los puntos débiles del hombre. No solo busca estos puntos débiles del hombre para destruirlo y destruir, a través de él y de su debilidad, los *valores de la familia*: la unidad, la fidelidad, el amor, la castidad. Quiere hacer de eso un programa: quiere convencer a la humanidad, a la sociedad, a los ambientes y a las personas, de que la verdadera realidad del hombre es la del pecado, la de la destrucción. (*Discurso al clero de la diócesis de Roma*, 5-3-1992).

En la medida en que la familia cristiana acoge el Evangelio y madura en la fe, se hace comunidad evangelizadora. Escuchemos a Pablo VI: "La familia, al igual que la Iglesia, debe ser un espacio donde el

Evangelio es transmitido y desde donde este se irradia. Dentro de una familia consciente de esta misión, todos los miembros de la misma evangelizan y son evangelizados. Los padres no solo comunican a los hijos el Evangelio profundamente vivido... Una familia así se hace evangelizadora de otras muchas familias y del ambiente en que ella vive" (Exhort. apost. *Evangelii nuntiandi*, 71). La *futura evangelización depende en gran parte de la iglesia doméstica*. Esta misión apostólica de la familia está enraizada en el Bautismo y recibe con la gracia sacramental del matrimonio una nueva fuerza para transmitir la fe, para santificar y transformar la sociedad actual según el plan de Dios. (*Familiaris consortio*, 1981, 52abc).

El ministerio de evangelización de los padres cristianos es original e insustituible y asume las características típicas de la vida familiar, hecha, como debería estar, de amor, sencillez, concreción y testimonio cristiano. La familia debe formar a los hijos para la vida, de manera que cada uno cumpla en plenitud su cometido, de acuerdo con la vocación recibida de Dios.

El ministerio de evangelización y catequesis de los padres debe acompañar la vida de los hijos también durante su adolescencia y juventud. Y así como en la Iglesia no puede separarse la obra de evangelización del sufrimiento del apóstol, así también en la familia cristiana los padres deben afrontar con valentía y gran serenidad de espíritu las dificultades que halla a veces en los mismos hijos su ministerio de evangelización.

La universalidad sin fronteras es el horizonte propio de la evangelización (...). También la fe y la misión evangelizadora de la familia posee esta dimensión misionera.

Una cierta forma de actividad misionera puede desplegarse ya en el interior de la familia. Esto sucede cuando alguno de los componentes de la misma no tiene fe o no la practica con coherencia. En este caso, los parientes deben ofrecerles tal testimonio de vida que los estimule y sostenga en el camino hacia la plena adhesión a Cristo.

La iglesia doméstica (la familia) está llamada a ser un signo luminoso de la presencia de Cristo y de su amor incluso *para los "alejados"*, para las familias que no creen todavía y para las familias cristianas que no viven coherentemente la fe recibida. (*Familiaris consortio*, 1981, 53ac. 54).

La exhortación apostólica *Familiaris consortio* brindó un planteamiento sistemático a la pastoral de la familia como opción prioritaria y eje de la nueva evangelización (...). En la Iglesia y en la sociedad *ha llegado la hora de la familia*, que está llamada a desempeñar un papel de protagonista en la tarea de la nueva evangelización. Del interior de las familias, entregadas a la oración, al apostolado y a la vida eclesial, surgirán vocaciones auténticas no sólo para la formación de otras familias, sino también para la vida de consagración especial. (*Discurso a las familias*, 8-10-1994).

c) Los jóvenes, los catequistas

Al igual que eran ya activos y protagonistas en el ámbito del voluntariado social, los *jóvenes* lo son también cada vez más en el ámbito de la comunidad eclesial, (...) La experiencia de una Iglesia llamada a la "nueva evangelización" por su fidelidad al Espíritu que anima y por las exigencias del mundo alejado de Cristo pero necesitado de Él, como también la experiencia de una Iglesia cada vez más solidaria con el hombre y con los pueblos en la defensa y en la promoción de la dignidad personal y de los derechos humanos de todos y cada uno, abren el corazón y la vida de los jóvenes a ideales muy atrayentes. (*Pastores dabo vobis*, 1992, 9f).

Por encima de toda la variedad de los *jóvenes* congregados aquí –variedad de origen, raza y lengua–, *el Espíritu de verdad creará la unidad profunda y duradera* del compromiso por la nueva evangelización, en la que la defensa de la vida humana, la promoción de los derechos humanos y la construcción de una civilización de amor son tareas urgentes. Comprometerse en la nueva evangelización significa que estamos convencidos de que tenemos algo valioso que ofrecer a la familia humana en el alba del nuevo milenio. Todos los que hemos venido aquí –los jóvenes y sus pastores, los obispos y el Papa– debemos ser conscientes de que no basta ofrecer «una sabiduría meramente humana, casi como una ciencia del vivir bien» (*Redemptoris missio*, 11). Debemos estar convencidos de que tenemos «una perla de gran valor» (cf. Mt 13, 46), un gran «tesoro» (cf. Mc 13, 44), que es fundamental para la existencia terrena y la salvación eterna de todo miembro de la raza humana.

En esta etapa de la historia, el mensaje liberador del *evangelio de la vida* ha sido puesto en vuestras manos. Y la misión de proclamarlo hasta los confines de la tierra pasa ahora a vuestra generación. Como el gran apóstol Pablo, también vosotros, debéis sentir toda la urgencia de esta tarea: «¡Ay de mí si no predicara el Evangelio!» (1Co 9, 16). *¡Ay de vosotros si no lográis defender la vida!* La Iglesia necesita vuestras energías, vuestro entusiasmo y vuestros *ideales juveniles* para hacer que el evangelio de la vida penetre el entramado de la sociedad, transformando el corazón de la gente y las estructuras de la sociedad, *para crear una civilización de justicia y amor verdaderos.* Hoy, en un mundo que carece a menudo de la luz y de la valentía de ideales nobles, *la gente necesita más que nunca la espiritualidad lozana y vital del Evangelio.* No tengáis miedo de salir a las calles y a los lugares públicos, como los primeros Apóstoles que predicaban a Cristo y la buena de la salvación en las plazas de las ciudades, de los pueblos y de las aldeas. (*Homilía en Denver, EE.UU., 12-8-1993*).

Entre los laicos que se hacen evangelizadores se encuentran en primera línea *los catequistas.* El Decreto conciliar misionero los define como «esa legión tan benemérita de la obra de las misiones entre los gentiles», los cuales, «llenos de espíritu apostólico, prestan con grandes sacrificios una ayuda singular y enteramente necesaria para la expansión de la fe y de la Iglesia». (Vaticano II, *AD*, 17). No sin razón las Iglesias más antiguas, al entregarse a una nueva evangelización, han incrementado el número de catequistas e intensificado la catequesis. (*Redemptoris missio*, 1990, 73a).

Pido al Señor que la próxima Jornada mundial de la juventud se convierta para todos los participantes en un estímulo para profesar a una sola voz la fe, al comienzo del tercer milenio. En esta ciudad y en esta Iglesia de Roma, fecundadas por la sangre de los Apóstoles y de los mártires, los jóvenes del mundo se encontrarán para contemplar a Jesús, autor y consumador de la fe (cf. *Hb* 12, 2), y darle la respuesta de su compromiso cristiano. Estoy seguro de que volverán al camino de su vida para ser *obreros de la nueva evangelización y constructores de la civilización del amor*. En efecto, a ellos les corresponde principalmente la tarea de «llevar» el Evangelio al primer siglo del nuevo milenio (cf. *Tertio millennio adveniente*, 58), modelando la existencia diaria de acuerdo con los valores perennes contenidos en este eterno e inmutable «Libro de la vida». (*Discurso a un grupo de responsables de pastoral juvenil, 15 enero 2000*).

d) *Las asociaciones, los movimientos eclesiales y nuevas comunidades*

A todas las formas asociadas de fieles laicos, y a cada una de ellas, se les pide un decidido ímpetu misionero que les lleve a ser, cada vez más, sujetos de una nueva evangelización. (*Christifideles laici,* 1988, 30i).

Queridos hermanos y hermanas, sed testigos intrépidos del «servicio a la verdad» y trabajad sin descanso con la «fuerza de la comunión». Apoyándoos en vuestras ricas experiencias espirituales, que son un tesoro, aceptad el *«desafío» que nuestro tiempo plantea a la nueva evangelización*, y dadle sin miedo vuestra respuesta. Frente a una cultura que, con mucha frecuencia, niega la existencia misma de una verdad objetiva de valor universal y que a menudo se pierde en las «arenas movedizas» del nihilismo (cf. *Fides et ratio,* 5), los fieles deben saber indicar claramente que Cristo es el camino, la verdad y la vida (cf. *Jn* 14, 6). A vosotros, que le habéis abierto generosamente vuestro corazón, Jesús os pide que anunciéis incansablemente su nombre a quienes aún no lo conocen. Os llama a su servicio, al servicio de su verdad, la verdad que nos hace libres. (*Discurso a los participantes en la III Ultreya mundial de los Cursillos de Cristiandad,* 29-7-2000).

A las puertas del tercer milenio, en el mundo que en tantos sectores vuelve a ser pagano, resulta más urgente que nunca la necesidad de que *los miembros de esa asociación* se sientan particularmente comprometidos en el apoyo de la nueva evangelización. Cristo vino a predicar la Buena Nueva a los pobres. El Apostolado de la Oración se ha considerado siempre como una forma de piedad popular para todas las gentes y, en este sentido, durante estos 150 años, ha prestado un importante servicio, reavivando en los fieles la conciencia del valor de su vida para la edificación del reino de Dios. En un mundo descristianizado como el actual, ¿qué otra contribución más significativa podría ofrecer el Apostolado de la Oración que la propia entrega entusiasta a la nueva evangelización? Es necesario reabrir los ojos de los pequeños al mensaje liberador de la revelación. (*Carta al Padre Peter-Hans Kolvenbach con ocasión del 150 aniversario de la fundación del Apostolado de la Oración,* 3-12-1994).

Los sectores de presencia y de acción misionera de los laicos son muy amplios. «El campo propio ... es el mundo vasto y complejo de la política, de lo social, de la economía ...» (Pablo VI, *Evangelii nuntiandi,* 70) a nivel local, nacional e internacional. Dentro de la Iglesia se presentan diversos tipos de servicios, funciones, ministerios y formas de animación de la vida cristiana. Recuerdo, como novedad surgida recientemente en no pocas Iglesias, el gran desarrollo de los «Movimientos eclesiales», dotados de dinamismo misionero. Cuando se integran con humildad en la vida de las Iglesias locales y son acogidos cordialmente por Obispos y sacerdotes en las estructuras diocesanas y parroquiales, *los Movimientos representan un verdadero don de Dios para la nueva evangelización* y para la actividad misionera propiamente dicha. Por tanto, recomiendo difundirlos y valerse de ellos para dar nuevo vigor, sobre todo entre los jóvenes, a la vida cristiana y a la evangelización, con una visión pluralista de los modos de asociarse y de expresarse. (*Redemptoris missio*, 1990, 72a).

En numerosas ocasiones hemos repetido que con la «nueva evangelización», queremos *ponernos en camino hacia metas de madurez;* nuestro objetivo pastoral primario es edificar *comunidades cristianas maduras* y ayudar a los cristianos a crecer en una *fe adulta,* es decir, cristianos y comunidades que sepan ser en el mundo testigos de la verdad trascendente de la vida nueva en Cristo. (*Discurso a la Conferencia Episcopal Italiana,* 14-5-1992).

Esta nueva evangelización –dirigida no solo a cada una de las personas, sino también a enteros grupos de poblaciones en sus más variadas situaciones, ambientes y culturas– está destinada a la *formación de comunidades eclesiales maduras,* en las cuales la fe consiga liberar y realizar todo su originario significado de adhesión a la persona de Cristo y a su Evangelio, de encuentro y de comunión sacramental con Él, de existencia vivida en la caridad y en el servicio. Los fieles laicos tienen su parte que cumplir en la formación de tales *comunidades eclesiales,* no solo con una participación activa y responsable en la vida comunitaria y, por tanto, con su insustituible testimonio, sino también con el empuje y la acción misionera entre quienes todavía no creen o ya no viven la fe recibida con el Bautismo. (*Christifideles laici,* 1988, 34i).

La originalidad de las *nuevas comunidades* consiste frecuentemente en el hecho de que se trata de grupos compuestos de hombres y mujeres, de clérigos y laicos, de casados y célibes, que siguen un estilo particular de vida, a veces inspirado en una forma tradicional, o adaptado a las exigencias de la sociedad de hoy. También su compromiso de vida evangélica se expresa de varias maneras, si bien se manifiesta, como una orientación general, una aspiración intensa a la vida comunitaria, a la pobreza y a la oración. En el gobierno participan, en función de su competencia, clérigos y laicos, y el fin apostólico se abre a las exigencias de la nueva evangelización. (*Vita consecrata*, 1996, 62b).

El Espíritu está aquí. Es como si esta tarde se renovase en esta plaza el manantial fecundo de aquel Pentecostés primero... y vosotros sois la prueba de esa nueva efusión del Espíritu, de ese nuevo e inesperado dinamismo eclesial que surgió del Vaticano II. La fe no es un discurso abstracto ni un vago sentimiento religioso, sino una vida nueva en Cristo. La garantía de saber si estáis en el buen camino es someterse con dócil humildad sincera a la autoridad eclesiástica competente. En el camino ha habido presunciones, prejuicios, intemperancias, tensiones e incomprensiones, que han sido una prueba para conocer la genuinidad y la fidelidad de los Movimientos. A partir de ahora, se abre una nueva etapa: la de la madurez eclesial. *Los Movimientos sois la respuesta providencial al dramático desafío de este fin de milenio* en el que una sociedad secularizada no parece querer saber nada con el Espíritu. Quiero gritar aquí esta tarde: Abríos con docilidad a los dones del Espíritu. *(Discurso a la asamblea de Movimientos eclesiales y nuevas Comunidades para celebrar la Vigilia de Pentecostés en la Plaza de San Pedro, 30-5-1998).*

Gracias al **movimiento carismático** numerosos cristianos, hombres y mujeres, jóvenes y adultos, han redescubierto Pentecostés como realidad viva y presente en su vida diaria. Deseo que la *espiritualidad de Pentecostés* se difunda en la Iglesia, como *renovado impulso de oración, de santidad, de comunión y de anuncio* (...).

Amadísimos hermanos y hermanas, la celebración de esta tarde me recuerda el memorable *encuentro con los movimientos eclesiales y las nuevas comunidades* en la *víspera de Pentecostés de hace seis años.* Fue una extraordinaria epifanía de la unidad de la Iglesia, en la riqueza y variedad de los carismas, que el Espíritu Santo concede en abundancia. Repito ahora con fuerza lo que afirmé en aquella ocasión: *los movimientos eclesiales y las nuevas comunidades son una «respuesta providencial»,* «suscitada por el Espíritu Santo», a la exigencia actual de nueva evangelización, para la cual se necesitan «personalidades cristianas maduras» y «comunidades cristianas vivas» (n. 7). Por eso os digo también a vosotros: «¡Abríos con docilidad a los dones del Espíritu! ¡Acoged con gratitud y obediencia los carismas que el Espíritu concede sin cesar! No olvidéis que cada carisma es otorgado para el bien común, es decir, en beneficio de toda la Iglesia» (*ib.*, n. 5). (*Homilía en las primeras vísperas de la solemnidad de Pentecostés, sábado 29-5-2004*).

Es para mí motivo de gran consolación, el saber que, pocos años después de mi llamada a la nueva evangelización de Europa, estáis reunidos en Viena para reflexionar juntos sobre los frutos de la actividad misionera que están desarrollando, con generoso impulso y gran celo por el Evangelio, sacerdotes, itinerantes y familias del *Camino neocatecumenal*. Con ocasión de la apertura de los trabajos de la Asamblea Especial para Europa, el 5 de junio de 1990, ponía de manifiesto con dolor amargo, que, en este nuestro continente, muchos se han acostumbrado a considerar la realidad «como si Dios no existiera». Con semejante perspectiva –añadía– el hombre «llega a considerarse la fuente de la ley moral, y solamente esa ley, que el hombre se da a sí mismo, constituye la medida de su conciencia y de su comportamiento» *[Insegnamenti, vol. XIII, 1, 1990, pp., 1517 s.)*. Por otra parte, no se puede negar que el Espíritu Santo, mediante el Concilio Vaticano II, ha suscitado instrumentos válidos –y entre ellos está el Camino neocatecumenal– para responder a los interrogantes del hombre contemporáneo. Después de varios años, y a la luz de los resultados conseguidos, he considerado oportuno dar ánimos por escrito a tal experiencia en orden a la nueva evangelización, deseando vivamente que viniese ayudada y valorada por los hermanos en el episcopado (cf. Carta del 30-8-1990). (...) El Camino neocatecumenal, en el que maduran los itinerantes y las familias misioneras, puede responder a los desafíos de la secularización, de la difusión de las sectas y de la falta de vocaciones. La reflexión sobre la Palabra de Dios y la participación en la Eucaristía hacen posible una gradual iniciación en los santos misterios, forman células vivas de la Iglesia, y renuevan la vitalidad de la parroquia con la presencia de cristianos maduros, capaces de dar testimonio de la verdad con una fe radicalmente vivida. Este Camino se muestra particularmente idóneo para contribuir, en las zonas descristianizadas, a la necesaria «reimplantatio Ecclesiae» (reimplantación de la Iglesia), llevando al hombre, en su comportamiento moral, a la obediencia a la verdad revelada y reconstruyendo, además, el mismo tejido social destruido por la ausencia del conocimiento de Dios y de su amor. Y ya en algunas regiones se están constituyendo núcleos de familias misioneras que pueden ser luz de Cristo y ejemplo de vida. Pero esa misión no sería posible sin presbíteros preparados para acompañar y sostener, con su ministerio ordenado, esta obra para la nueva evangelización. Estoy agradecido al Señor que ha hecho surgir numerosas vocaciones y, consecuentemente, que se constituyeran seminarios diocesanos y misioneros en varios países de Europa, llamados con el dulce nombre de la Virgen María *Redemptoris Mater*. (*Carta a los obispos, presbíteros y laicos reunidos en Viena*, 12-4-1993).

Vuestro «*Camino*» se propone tomar el espíritu del Concilio Vaticano II, para ofrecer un ejemplo de nueva evangelización que da esperanza a la Iglesia en la vigilia del tercer milenio cristiano. Vuestro mérito es el haber descubierto de nuevo una predicación «kerigmática», que invita a la fe también a los alejados, realizando un itinerario postbautismal según las indicaciones del *Ordo Initiationis Christianae Adultorum (Orden de la Iniciación Cristiana de Adultos)*, citadas por el *Catecismo de la Iglesia Católica* (cf. n. 1231). En el centro de tal recorrido de fe hay *una fructuosa síntesis entre predicación, cambio de la vida moral y liturgia.* Todo esto se realiza en pequeñas comunidades, en las que «la reflexión sobre la Palabra de Dios y la participación en la Eucaristía... forman células vivas de la Iglesia, renuevan la vitalidad de la parroquia mediante cristianos maduros capaces de testimoniar la verdad con una fe radicalmente vivida» (*Mensaje a los obispos de Europa reunidos en Viena,* 12-4-1993). Tales comunidades ayudan a experimentar la Iglesia como Cuerpo de Cristo en el que, mediante los signos sacramentales, Dios extiende su acción salvífica a los hombres de cada generación, sobre todo a las familias. (*Discurso a los catequistas itinerantes del Camino Neocatecumenal.* 17-1-1994).

IV
OBJETIVOS Y FRUTOS
DE LA NUEVA
EVANGELIZACIÓN

Fe, esperanza, caridad

Habéis entrado en *una nueva etapa, cuyos objetivos son la afirmación de la fe, la conversión y la transformación en profundidad de las personas y de la vida social,* de manera que se vivan con mayor plenitud las verdades y los valores del Evangelio. Por tanto, hay que dar un nuevo impulso a la obra, nunca acabada, de la evangelización. (*Discurso a la Conferencia Episcopal de Camerún, en "visita ad limina",* 22-6-1992).

A la pregunta: «¿Qué hemos de hacer, hermanos?», la Iglesia deberá contestar: «*Convertíos*» (cf. Hch 2, 37-38). Esto significa que la nueva evangelización deberá contener una finalidad claramente penitencial: *llevar al hombre a conocerse a sí mismo y a volver a poner orden en su interior,* a apartarse del mal y a reanudar la amistad con Dios. (*Discurso a los obispos portugueses, en "visita ad limina",* 27-11-1992).

La misión renueva a la Iglesia, refuerza la fe y la identidad cristiana, da nuevo entusiasmo y nuevas motivaciones. *¡La fe se fortalece dándola!* La nueva evangelización de los pueblos cristianos hallará inspiración y apoyo en el compromiso por la misión universal. (*Redemptoris misio,* 1990, 2c).

La tarea de la nueva evangelización, connatural a la
esencia misma de la Iglesia, adquiere ciertamente *una
urgencia nueva* a causa de la situación espiritual, moral
y social de esta ciudad, en la que es muy viva y vital
la *gran tradición cristiana y católica de fe y de caridad
operante,* pero en la que también están ampliamente
difundidos la indiferencia religiosa y el permisivismo,
con la consiguiente degradación moral y social. (*Discurso a la Curia Romana,* 27-6-1992).

De la misma manera –y más aún– que para las *verdades de fe,* la nueva evangelización, que propone los
fundamentos y contenidos de la moral cristiana, manifiesta su autenticidad y, al mismo tiempo, difunde toda
su fuerza misionera cuando se realiza a través del don
no solo *de la palabra anunciada sino también de la
palabra vivida.* En particular, es *la vida de santidad,* que
resplandece en tantos miembros del pueblo de Dios
frecuentemente humildes y escondidos a los ojos de los
hombres, la que constituye el camino más simple y
fascinante en el que se nos concede percibir inmediatamente la belleza de la verdad, la fuerza liberadora
del amor de Dios, el valor de la fidelidad incondicional a todas las exigencias de la ley del Señor, incluso en
las circunstancias más difíciles. Por esto, la Iglesia, en
su sabia pedagogía moral, ha invitado siempre a los
creyentes a buscar y a encontrar en los santos y santas,
y en primer lugar en la Virgen Madre de Dios *llena de
gracia* y *toda santa,* el modelo, la fuerza y la alegría para
vivir una vida según los mandamientos de Dios y las
bienaventuranzas del Evangelio.

La vida de los santos, reflejo de la bondad de Dios –del único que es «Bueno»–, no solamente constituye una verdadera confesión de fe y un impulso para su comunicación a los otros, sino también una glorificación de Dios y de su infinita santidad. La vida santa conduce así a plenitud de expresión y actuación el triple y unitario «*munus propheticum, sacerdotale et regale*» (oficio o función profético, sacerdotal y real) que cada cristiano recibe como don en su renacimiento bautismal «de agua y de Espíritu» (*Jn* 3, 5). Su vida moral posee el valor de un «culto espiritual» (*Rm* 12, 1; cf. *Flp* 3, 3) que nace y se alimenta de aquella inagotable fuente de santidad y glorificación de Dios que son los sacramentos, especialmente la Eucaristía; en efecto, participando en el sacrificio de la cruz, el cristiano comulga con el amor de entrega de Cristo y se capacita y compromete a vivir esta misma caridad en todas sus actitudes y comportamientos de vida. En la existencia moral se revela y se realiza también el efectivo servicio del cristiano: cuanto más obedece con la ayuda de la gracia a la ley nueva del Espíritu Santo, tanto más crece en la libertad a la cual está llamado mediante el servicio de la verdad, la caridad y la justicia ( ). *La evangelización –y por tanto la «nueva evangelización»– comporta también el anuncio y la propuesta moral*. Jesús mismo, al predicar precisamente el reino de Dios y su amor salvífico, hizo una **llamada a la fe y a la conversión** (cf. Mc 1, 15). Y Pedro con los otros Apóstoles, anunciando la resurrección de Jesús de Nazaret de entre los muertos, propone una vida nueva que hay que vivir, un *camino* que hay que seguir para ser discípulo del Resucitado (cf. Hch 2, 37-41; 3, 17-20). *(Veritatis splendor*, 1993, n. 107).

Una de la prioridades de la nueva evangelización tiene que consistir en un esfuerzo común por llevar nuevamente a la **práctica de su fe a los así llamados** *«católicos nominales»*, que son inconstantes en sus prácticas religiosas, y selectivos en su adhesión a la enseñanza católica en materia de fe y moral. *(Discurso a la Conferencia Episcopal de Escocia, en "visita ad limina",* 29-10-1992).

La nueva evangelización requiere una presentación clara de la fe como *virtud sobrenatural* por la cual nos unimos a Dios y *participamos en su conocimiento,* en respuesta a su palabra revelada. La presentación de una comprensión auténticamente bíblica del acto de fe, que destaque tanto la dimensión de conocimiento como la de confianza, ayudará a superar enfoques puramente subjetivos y facilitará un aprecio más profundo del papel de la Iglesia, proponiendo autorizadamente «la fe que hay que creer y que hay que llevar a la práctica» (cf. *Lumen gentium,* 25). Un elemento esencial del diálogo de la Iglesia con la sociedad contemporánea debe ser también una correcta presentación, en la catequesis y en la predicación, de la relación entre *la fe* y *la razón.* Esto llevará a una comprensión más fecunda de las *dinámicas espirituales de la conversión,* como la obediencia a la palabra de Dios, la disponibilidad a «tener los mismos sentimientos que Cristo» *(Flp* 2, 5), y la sensibilidad al *sensus fidei* sobrenatural, por el que «el pueblo de Dios, bajo la dirección del magisterio al que obedece con fidelidad, se adhiere indefectiblemente «a la fe transmitida a los santos de una vez para siempre». (*Lumen gentium* 12). (*Discurso al sexto grupo de obispos de Estados Unidos en visita "ad limina"*, 28-5-2004).

¡Caminemos con esperanza! Un nuevo milenio se abre ante la Iglesia como un océano inmenso en el cual hay que aventurarse, contando con la ayuda de Cristo. El Hijo de Dios, que se encarnó hace dos mil años por amor al hombre, realiza también hoy su obra. Hemos de aguzar la vista para verla y, sobre todo, tener un gran corazón para convertirnos nosotros mismos en sus instrumentos. ¿No ha sido quizás para tomar contacto con este manantial vivo de nuestra esperanza, por lo que hemos celebrado el Año jubilar? El Cristo contemplado y amado ahora nos invita una vez más a ponernos en camino: « Id pues y haced discípulos a todas las gentes, bautizándolas en el nombre del Padre y del Hijo y del Espíritu Santo » (*Mt* 28,19). El mandato misionero nos introduce en el tercer milenio invitándonos a tener *el mismo entusiasmo de los cristianos de los primeros tiempos.* Para ello podemos contar con la fuerza del mismo Espíritu, que fue enviado en Pentecostés y que nos empuja hoy a partir animados por la esperanza «que no defrauda» (*Rm* 5,5). (*Tertio millennio ineunte,* 2001, 58).

Tenemos que actuar de tal manera que los pobres, en cada comunidad cristiana, se sientan como «en su casa». ¿No sería este estilo la más grande y eficaz pre-

sentación de la buena nueva del Reino? Sin esta forma
de evangelización, llevada a cabo mediante *la caridad
y el testimonio de la pobreza cristiana*, el anuncio del
Evangelio, aun siendo la primera caridad, corre el
riesgo de ser incomprendido o de ahogarse en el mar
de palabras al que la actual sociedad de la comunicación nos somete cada día. La caridad de las *obras* co-
rrobora la caridad de las *palabras*. (*Tertio millennio
ineunte*, 2001, 50).

Nuestra andadura, al principio de este nuevo siglo,
debe hacerse más rápida al recorrer los senderos del
mundo. Los caminos, por los que cada uno de nosotros y cada una de nuestras Iglesias camina, son muchos, pero no hay distancias entre quienes están *unidos por la única comunión, la comunión que cada día
se nutre de la mesa del Pan eucarístico* y de la Palabra
de vida. Cada domingo Cristo resucitado nos convoca
de nuevo como en el Cenáculo, donde al atardecer del
día «primero de la semana» (*Jn* 20,19) se presentó a los
suyos para «exhalar» sobre de ellos el don vivificante
del Espíritu e iniciarlos en la gran aventura de la evangelización. (*Tertio millennio ineunte*, 2001, 58).

Llamada a la santidad

Como ya indicó mi venerable predecesor el Papa
Pablo VI, el Concilio Vaticano II «ha exhortado con
premurosa insistencia a todos los fieles, de cualquier

condición o grado, a alcanzar la plenitud de la vida cristiana y la perfección de la caridad. Esta fuerte *invitación a la santidad* puede ser considerada como el elemento más característico de todo el Magisterio conciliar, y, por así decir, su fin último» *(Sanctitatis clarior,* 19-3-1969). Es la clave del ardor renovado de la nueva evangelización. *(Discurso en Salto, Uruguay,* 9-5-1988).

La misión de los laicos comprometidos en las realidades del mundo presenta muchos aspectos complementarios. En primer lugar, exige que cada uno tenga en su vida personal *la voluntad de responder a la **llamada a la santidad*** que Cristo nos ha hecho. La «nueva evangelización», en la que he querido comprometer a la Iglesia, supone al mismo tiempo la conversión personal para seguir al Salvador y el testimonio, por medio del ejemplo y del anuncio de la Buena Nueva de la salvación a los hombres de este tiempo. *(Discurso a las organizaciones católicas internacionales,* 13-12-1991).

La Iglesia tiene conciencia de que libera al hombre en el momento en que le abre la entrada al misterio de Cristo Salvador. La nueva evangelización de Europa es una tarea larga y ardua, que exige de los cristianos el *heroísmo de la santidad.* Vuestra participación nos ayudará a *mostrar al hombre europeo la riqueza de sus raíces* y la grandeza de su vocación, a iluminar su vida personal y social, y a plantear con justicia los interrogantes fundamentales que le conciernen, para hacerle descubrir la verdadera felicidad en aquel que libera del dominio del mal y de la pérdida del sentido de la muerte, en aquel que es «el camino, la verdad y la vida» (Jn 14, 6). (*Discurso al Simposio pre-sinodal*, 31-10-1991).

En la época en la que para muchos la afirmación del «derecho a la felicidad» está unida al desprecio al derecho a la vida vosotros, hombres y mujeres de cultura, *estáis llamados a ejercer una función de mediación para que la nueva evangelización sea un reencuentro verdadero entre la Palabra de vida y las culturas de Europa.* Tenéis que ayudar a restablecer los lazos debilitados, y a veces rotos, entre los valores del mundo y su fundamento cristiano. A los hombres que buscan la felicidad, *la Iglesia les propone el reto de la santidad*, fuente auténtica de alegría verdadera e inagotable. Se siente fiel al apóstol Pablo: «La vida que vivo al presente en la carne, la vivo en la fe del Hijo de Dios, que me amó y se entregó a sí mismo por mí» (Ga 2, 20). (*Discurso al Simposio pre-sinodal*, 31-10-1991).

La nueva evangelización en la que estáis comprometidos ha de tener como primer objetivo el hacer vida entre los fieles *el ideal de santidad*. Una santidad que se manifieste en el testimonio de la propia fe, en la caridad sin límites, en el amor vivido y ejercido en las actividades de cada día. Una santidad a la que todos los cristianos están llamados. (*Discurso a los obispos españoles de las provincias eclesiásticas de Toledo, Santiago y Madrid, en "visita ad limina"*, 16-12-1991).

La nueva evangelización no puede orientarse solo a la defensa de la vida cristiana que os han transmitido las generaciones anteriores. *Hay que anunciar la Palabra de Dios con nuevo vigor en todos los tiempos.* Es necesaria una transmisión del mensaje cristiano más efectiva por medio de argumentaciones bien fundadas y por medio del ejemplo; es decir, por medio de una presentación verdadera y completa de la fe, basada en *testimonio convincente de santidad*, justicia y amor. (*Discurso a los obispos de Irlanda, en "visita ad limina"*, 25-9-1992).

La *contribución de la Iglesia a Europa proseguirá con la nueva evangelización,* en la que todos deben comprometerse. Es una llamada a todos los cristianos para que, recibiendo el *evangelio de la verdad,* se liberen de todos los egoísmos y de todos los repliegues en sí mismos, a fin de llegar a ser discípulos capaces de *dejarlo todo para seguir a Cristo* (cf. Jn 8, 31-32), vivan en la esperanza de la salvación y se abran a la vida fraterna y caritativa. La Iglesia, anunciando la salvación, tiene conciencia de servir a la humanidad entera (cf. *GS*, 40.42; *CL*, 36). (*Discurso a la Conferencia Episcopal Suiza, en "visita ad limina"*, 11-7-1992).

Estamos celebrando esta Eucaristía en la plaza dedicada a *Colón, al descubrimiento de América.* Los monumentos que nos rodean recuerdan aquel encuentro de dos mundos, en el que jugó un papel tan decisivo la fe católica. En el marco de la conmemoración del V Centenario de la Evangelización de América, el 12 de octubre pasado, en Santo Domingo, y junto con todo el episcopado latinoamericano, quise dar gracias a

Dios una vez más por «la llegada de la luz que ha alumbrado de vida y esperanza el caminar de los pueblos que, hace ahora quinientos años, nacieron a la fe cristiana» (n. 3). Aquel descubrimiento, que cambió la historia del mundo, fue una apremiante llamada del Espíritu a la Iglesia, y especialmente a la Iglesia española, que supo responder generosamente con ferviente ardor misionero. También hoy se hace apremiante la nueva evangelización, para renovar la riqueza y vitalidad de los valores cristianos en una sociedad que da muestras de desorientación y desencanto. Es necesario, pues, una acción evangelizadora que fomente las actitudes cristianas de mayor autenticidad personal y social, y en la que participen todos los miembros de las comunidades eclesiales. En esta solemne ceremonia de canonización del sacerdote Enrique de Ossó, hay que resaltar que la nueva evangelización a la que estamos llamados ha de tener como primer objetivo el hacer vida entre los fieles *el ideal de santidad*. (*Homilía en Madrid*, 16-6-1993).

17 de marzo de 2005:
Última referencia a la nueva evangelización

La última vez que Juan Pablo II se refirió a la nueva evangelización –una de las benditas obsesiones de su pontificado– fue el 17 de marzo de 2005, dos semanas antes de su santa muerte. Fue en el mensaje que dirigió a los jóvenes de Roma y el Lacio –los jóvenes, otra de sus preferencias– , reunidos en la basílica de San Juan de Letrán. Llegó un momento en el que el mensaje se convirtió en oración:

Ayúdanos, Jesús, a comprender que para «hacer» en tu Iglesia, incluso en el campo tan urgente de la nueva evangelización, es preciso aprender ante todo a «ser», es decir, a estar contigo en adoración, en tu dulce compañía. Solo de una íntima comunión contigo brota la acción apostólica auténtica, eficaz y verdadera.

El 2 de abril se fue con el Señor, para "estar contigo en adoración, en tu dulce compañía" y desde el cielo alentar la marcha de la Iglesia, por la que dio su vida.

Apéndice

APORTACIONES
DE BENEDICTO XVI

Juan Pablo II trazó los rasgos de la nueva evangelización y puso en marcha esa gran novedad esperanzadora en la Iglesia del siglo XX. Benedicto XVI ha creado los cauces para que toda la Iglesia esté implicada en la nueva evangelización, y llegue a todo este mundo descristianizado o aún no cristianizado. A lo largo de las páginas precedentes ha quedado claro lo que la intuición del beato Juan Pablo II el Grande propuso a la Iglesia en torno al nuevo Pentecostés: el Jubileo del Año 2000.

Benedicto XVI, desde que en abril de 2005 empuñó el timón de la barca de Pedro, ha querido que la rica herencia que dejó su predecesor, con la nueva evangelización, se encauce adecuadamente y sea estimulada y potenciada constantemente.

Con este objetivo:

- instituyó el *Consejo pontificio para la promoción de la nueva evangelización,*
- convocó el *Sínodo sobre la nueva evangelización*
- proclamó el *Año de la fe.*

Estas realidades presentes y futuras permitirán que
en un próximo futuro pueda publicarse un libro sobre
las enseñanzas de Benedicto XVI sobre la nueva evangelización. Por el momento, con los elementos que ha
generado el papa en sus primeros años de pontificado podemos cubrir un amplio *Apéndice*, que ya señala
la dirección que seguirán el pontificado de Benedicto
XVI y sus sucesores.

1
CONSEJO PONTIFICIO PARA LA PROMOCIÓN DE LA NUEVA EVANGELIZACIÓN

a. Carta apostólica de Benedicto XVI fundacional del Consejo Pontificio (21-09-2010)

El 21 de septiembre de 2010, Benedicto XVI promulgaba la Carta Apostólica en forma de "motu proprio" *Ubicumque el sempre*. Comienza con una detallada introducción, que evoca la misión evangelizadora que Cristo confió a su Iglesia y fue realizada inicialmente por los apóstoles. Para hacer frente al fenómeno del alejamiento de la fe, iniciado en el siglo XX, el Vaticano II tuvo entre sus prioridades la cuestión de la relación entre la Iglesia y el mundo contemporáneo. Y los grandes papas predecesores a Benedicto XVI –Pablo VI y Juan Pablo II– urgieron en la necesidad de una evangelización que respondiera a los grandes retos que presenta el mundo contemporáneo. Pablo VI, con la primera exhortación apostólica postsinodal en la historia de la Iglesia: la "Evangelii nuntiandi". Y Juan Pablo II, que, en palabras de Benedicto XVI en la *Ubicumque et semper:*

> "fijó en esta ardua tarea como uno de los ejes de su vasto magisterio, sintetizando en el concepto de *nueva evangelización*, que él profundizó sis-

temáticamente en numerosas intervenciones, la tarea que espera a la Iglesia de hoy, especialmente en las regiones de antigua cristianización".

Analiza el papa las distintas situaciones de la sociedad actual, a las que hay que dar respuesta adecuada y diversificada con la nueva evangelización, que tendrá como rasgo común "un renovado impulso misionero". Finalmente, establece estos cuatro artículos:

Art. 1. § 1. Se constituye el Consejo pontificio para la promoción de la nueva evangelización, como dicasterio de la Curia romana, de acuerdo con la constitución apostólica *Pastor bonus*. § 2. El Consejo persigue su finalidad tanto estimulando la reflexión sobre los temas de la nueva evangelización, como descubriendo y promoviendo las formas y los instrumentos adecuados para realizarla.

Art. 2. La actividad del Consejo, que se lleva a cabo en colaboración con los demás dicasterios y organismos de la Curia romana, respetando las relativas competencias, está al servicio de las Iglesias particulares, especialmente en los territorios de tradición cristiana donde se manifiesta con mayor evidencia el fenómeno de la secularización.

Art. 3. Entre las tareas específicas del Consejo se señalan:

1. profundizar el significado teológico y pastoral de la nueva evangelización; 2. promover

y favorecer, en estrecha colaboración con las Conferencias episcopales interesadas, que podrán tener un organismo *ad hoc*, el estudio, la difusión y la puesta en práctica del Magisterio pontificio relativo a las temáticas relacionadas con la nueva evangelización; 3. dar a conocer y sostener iniciativas relacionadas con la nueva evangelización organizadas en las diversas Iglesias particulares y promover la realización de otras nuevas, involucrando también activamente las fuerzas presentes en los institutos de vida consagrada y en las sociedades de vida apostólica, así como en las agregaciones de fieles y en las nuevas comunidades; 4. estudiar y favorecer el uso de las formas modernas de comunicación, como instrumentos para la nueva evangelización; 5. promover el uso del *Catecismo de la Iglesia católica*, como formulación esencial y completa del contenido de la fe para los hombres de nuestro tiempo.

Art. 4. § 1. Dirige el Consejo un arzobispo presidente, con la ayuda de un secretario, un subsecretario y un número conveniente de oficiales, según las normas establecidas por la constitución apostólica *Pastor bonus* y el *Reglamento general de la Curia romana*. § 2. El Consejo tiene miembros propios y puede disponer de consultores propios.

Ordeno que todo lo que se ha deliberado con el presente *Motu proprio* tenga valor pleno y estable, a pesar de cualquier disposición contraria, aunque sea digna de particular mención, y establezco que se promulgue mediante la publicación en el periódico «L'Osservatore Romano» y que entre en vigor el día de la promulgación. (*Castelgandolfo, 21 de septiembre de 2010, fiesta de San Mateo, Apóstol y Evangelista, año sexto de mi pontificado*).

El arzobispo nombrado por el papa para presidir el Consejo pontificio para la promoción de la nueva evangelización fue monseñor Salvatore Fisichella.

b. Congreso internacional sobre la nueva evangelización (octubre 29011)

La primera gran iniciativa del Consejo pontificio para la promoción de la nueva evangelización fue la convocatoria de un *Congreso internacional sobre la nueva evangelización*, que se celebró en Roma los días 15 y 16 de octubre de 2011, y ambos días contó en algunos momentos con la presencia del papa. El sábado 15 de octubre, Benedicto XVI recibió a los participantes en el Congreso y les dirigió un breve discurso en el que, entre otros puntos, dijo:

> El mundo de hoy necesita personas que anuncien y testimonien que es Cristo quien nos enseña el arte de vivir...; personas que hablen *a* Dios

para poder hablar *de* Dios [1]. Y también debemos
recordar siempre que Jesús no redimió al mundo con palabras bellas o medios vistosos, sino
con el sufrimiento y la muerte... Estoy convencido de que los nuevos evangelizadores se multiplicarán cada vez más para dar vida a una verdadera transformación que el mundo actual
necesita. Solo a través de hombres y mujeres
moldeados por la presencia de Dios, la Palabra
de Dios continuará su camino en el mundo dando frutos... Ser evangelizadores no es un privilegio, sino un compromiso que deriva de la fe.

Queridos hermanos y hermanas, ustedes están entre los *protagonistas de la nueva evangelización* que
la Iglesia ha emprendido y lleva adelante, con dificultad, pero con el mismo entusiasmo de los primeros
cristianos. También debemos recordar siempre que
Jesús no redimió al mundo con palabras bellas o medios vistosos, sino con el sufrimiento y la muerte...
Estoy convencido de que los nuevos evangelizadores
se multiplicarán cada vez más para dar vida a una
verdadera transformación que el mundo actual necesita. Solo a través de hombres y mujeres moldeados
por la presencia de Dios, la Palabra de Dios continua-

---

[1] Es la frase que define la vida de Domingo de Guzmán, fundador de la Orden de Predicadores. Todos sus biógrafos contemporáneos y los testigos del proceso de su canonización afirman uná-
nimemente que santo Domingo *"solo hablaba con Dios o de Dios"*.
(Cf. GÓMEZ, V.T.: *Santo Domingo de Guzmán. Escritos de sus contemporáneos, EDIBESA. Madrid, 2011*).

rá su camino en el mundo dando frutos... Ser evangelizadores no es un privilegio, sino un compromiso que deriva de la fe.

c. Anuncio del "Año de la fe" : 11 octubre 2012 - 24 noviembre 2013

Al día siguiente, domingo 16 de octubre de 2011, el papa celebró la eucaristía con los asistentes al Congreso sobre la nueva evangelización. En la homilía, después de comentar las lecturas bíblicas dominicales, se refirió a la nueva evangelización y anunció el "Año de la fe":

Con alegría celebro hoy la Misa para ustedes, que están empeñados en muchas partes del mundo sobre *las fronteras de la nueva evangelización.* Esta Liturgia es la conclusión del encuentro que ayer los ha llamado a confrontarse en los ámbitos de tal misión y a escuchar algunos testimonios significativos. Yo mismo he querido presentarles algunos pensamientos, mientras hoy parto para ustedes el pan de la Palabra y de la Eucaristía, con la certeza –compartida por todos nosotros– que sin Cristo, Palabra y Pan de vida, no podemos hacer nada (cf. Jn 15,5). Estoy contento porque este convenio se coloca en el contexto del mes de octubre, propiamente una semana antes de la Jornada Mundial de las Misiones: esto pone a la *nueva evangelización* en su justa dimensión, en armonía con aquella de la *misión ad gentes.*

La *teología de la historia es un aspecto importante, esencial de la nueva evangelización,* porque los hombres de nuestro tiempo, después de la nefasta estación de los imperios totalitarios del siglo XX, tienen necesidad de reencontrar una mirada que abarque el mundo y el tiempo, una mirada verdaderamente libre, pacífica... Los nuevos evangelizadores están llamados a caminar en primera fila en el Camino que es Cristo, para hacer conocer a los oros la belleza del Evangelio que da la vida. Y en este Camino no se camina solo, sino en compañía: una experiencia de comunión y fraternidad que se ofrece a cuantos encontramos, para hacer partícipes a los demás de nuestra experiencia de Cristo y de su Iglesia. Así, el testimonio, junto al anuncio, puede abrir el corazón de cuantos buscan la verdad, para que puedan alcanzar el sentido de su propia vida... La misión de la Iglesia, como la de Cristo, es esencialmente hablar de Dios, recordar a todos, especialmente a los cristianos que han perdido su propia identidad, el derecho de Dios sobre lo que les pertenece, o sea, su propia vida.

Y justamente para dar un renovado impulso a la misión de toda la Iglesia, para conducir a los hombres lejos del desierto en el cual muy a menudo se encuentran sus vidas, la amistad con Cristo que nos da su vida plenamente, quisiera anunciar en esta celebración eucarística que he decidido declarar un "Año de la fe" que ilustraré con una carta apostólica. Iniciará el 11 de octubre de 2012, en el 50 aniversario de la apertura del Concilio Vaticano II, y terminará el 24 de noviembre de 2013, solemnidad de Cristo Rey del Universo. Será un momento de gracia y de compromiso por una conversión a Dios cada vez más plena, para reforzar nuestra fe en Él y para anunciarlo con gozo al hombre de nuestro tiempo.

Dejaba así claro el papa que el *Año de la fe* estará enmarcado en el ámbito de la nueva evangelización, que caracterizó el pontificado del beato Juan Pablo II y ya constituye uno de los pilares del pontificado de Benedicto XVI, que recordaba que el objetivo de la nueva evangelización era la fe:

Bajo su guía (de Juan Pablo II) hemos entrado en este nuevo milenio del cristianismo, tomando conciencia de la constante actualidad de su exhortación a una nueva evangelización. Con estas breves palabras estableció el fin: despertar una fe «viva, consciente y responsable». *(Discurso al segundo grupo de obispos de Polonia en visita «ad limina». Sábado 3 de diciembre de 2005).*

Asimismo lo recordaba el 12 de diciembre de 2011, en la homilía de la fiesta de la Virgen de Guadalupe en el Vaticano, con asistencia de representaciones de los países latinoamericanos que celebraban el segundo centenario de su independencia: Benedicto XVI evocó la figura de Juan Pablo II y el objetivo de la nueva evangelización: que la fe cristiana arraigue en el corazón de las personas y de los pueblos:

Cuando la Iglesia se preparaba para recordar el quinto centenario de la plantatio de la cruz de Cristo en la buena tierra del continente americano, el beato Juan Pablo II formuló en su suelo, por primera vez, el programa de una evangelización nueva, nueva "en su ardor, en sus métodos, en su expresión. Desde mi responsabilidad de confirmar en la fe, también yo deseo animar el afán apostólico que actualmente impulsa y pretende la "misión continental" promovida en Aparecida, para que "la fe cristiana arraigue más profundamente en el corazón de las personas y los pueblos latinoamericanos como acontecimiento fundante y encuentro vivificante con Cristo". (*Homilía en la basílica de San Pedro, 12 de diciembre de 2011*).

d. "Evangelidigitalización" (16-11-2011)

El 16 de noviembre de 2011 iniciaba su andadura una nueva actividad del dinámico Consejo para la Nueva Evangelización: se trata de lo que ha denominado *"Evangelidigitalización"*. Es un blog especializado en el estudio y divulgación de la relación entre fe católica e internet, en el contexto de la nueva evangelización: el primer blog especializado en la nueva evangelización en la lengua española.

Este proyecto, que va haciéndose realidad, se presentaba como un proyecto no institucional de apoyo en respuesta concreta a lo que la Carta apostólica fundacional del Consejo Pontificio ordenaba: *Estudiar y favorecer el uso de las formas modernas de comunicación, como instrumentos para la nueva evangelización* (artículo 3, n. 4).

Como indica la composición de este neologismo, "evangelidigitalización" pone la nueva forma de comunicación (digitalización) al servicio de la evangeliazación. Quiere indicar el "lugar" de acción, la actividad que ha de realizar, la meta que se quiere alcanzar y la dinámica metodológica que hay que seguir propia de las redes sociales.

Según informaba ZENIT, el puntual servicio diario informativo digital desde el Vaticano ("El mundo visto desde Roma"), en su edición del 23 de noviembre de 2011, señalaba:

> El blog "Evangelidigitalización" (http://evangelidigitalizacion.blogspot.com) desarrollará un trabajo en dos líneas: por una parte profundizará teóricamente y, por otra, divulgará proyectos exitosos en ámbito confesional católico, tratando de evidenciar los puntos positivos de las diferentes iniciativas estudiadas de modo que el resultado pueda servir de base de apoyo para otros eventuales proyectos.
> Tanto en el área de la investigación como en el de la difusión hay tres ejes orientadores: ayudar a "entender", "hablar" y "explicar" la relación entre el así llamado pensamiento digital, internet en general, y la fe católica.

"Evangelidigitalización" cuenta con varios satélites de apoyo en redes sociales como *Twitter* (http://twitter.com/web_pastor), *Facebook* (http://www.facebook.com/evangelidigitalizacion), *Flickr* (http://www.flickr.com/mujicalc), con especial énfasis en las imágenes de fe y provida), *Paper.Li* (http://paper.li/web_pastor/1317588643), un periódico con una variada selección de temas en la línea del proyecto) y *Tumblr* (http://evangelidigitalizacion.tumblr.com/), centrado especialmente en la reproducción de videos.

Con esta nueva actividad –"dos herramientas de especial valor en este proyecto son los enlaces a blogs afines en lengua inglesa, española e italiana, y la serie de vínculos tematizados en sintonía con la idea original del proyecto"– queda patente que el más joven de los organismos vaticanos no es un simple Consejo pontificio para cubrir un expediente burocrático, sino uno de los más dinámicos organismos de la Santa Sede, sabiamente instituido y promocionado por Benedicto XVI.

2
SÍNODO SOBRE LA NUEVA EVANGELIZACIÓN

El 24 de octubre de 2010, Benedicto XVI anunciaba la convocatoria de la XIII Asamblea general ordinaria del Sínodo de los Obispos, del 7 al 28 de octubre de 2012, sobre el tema *"La nueva evangelización para la transmisión de la fe cristiana"*. La Asamblea del Sínodo sobre la nueva evangelización para la transmisión de la fe e inicio del *Año de la fe* no solo coinciden en el mismo mes de octubre de 2012, sino también en el objetivo final: la fe que salva. El papa que dedicó su primera encíclica a la *caridad* ("Deus caritas est", 2006) y la segunda a la *esperanza* ("Spe salvi", 2007), entra de lleno en la virtud teologal fundamental, la fe. Para la fe está asegurada la próxima exhortación apostólica postsinodal. ¿También tendrá una carta encíclica?

El 4 de marzo de 2011 se presentaron los *Lineamenta* del Sínodo. Constituye el documento preparatorio o primer esquema de trabajo: un esquema detallado de sesenta páginas, que se ha enviado a los obispos de la Iglesia católica, pidiendo respuestas y comentarios. Los *Lineamenta* constan de:

Prefacio.

Introducción: *La urgencia de una nueva evangelización; el deber de evangelizar; evangelización y discernimiento; evangelizar en el mundo de hoy, partiendo de sus desafíos. Preguntas.*

Primer capítulo: *Tiempo de "nueva evangelización".
Preguntas.*
Segundo capítulo: *Proclamar el Evangelio de Jesucristo. Preguntas.*
Tercer capítulo: *Iniciar a la experiencia cristiana. Preguntas.*
Conclusión: *El fundamento de la "nueva evangelización" en María y en Pentecostés; la "nueva evangelización", visión para la Iglesia de hoy y de mañana; La alegría de la evangelización.*

Con las respuestas y comentarios recibidas de los obispos, se confecciona el *Instrumentum laboris*, instrumento de trabajo oficial del Sínodo.

3
AÑO DE LA FE

Hemos visto más arriba cómo Benedicto XVI quiso expresamente anunciar la proclamación de un Año de la fe en la homilía de la celebración eucarística conclusiva del Congreso para la nueva evangelización, el domingo 16 de octubre de 2011:

> Quisiera anunciar en esta celebración eucarística que he decidido declarar un "Año de la fe" que ilustraré con una carta apostólica.

La carta apostólica no se hizo esperar. El día siguiente, lunes 17 de octubre, sorprendía a la Iglesia con la Carta apostólica –en forma de *motu proprio* (por propia iniciativa)– *Porta fidei,* firmada por Benedicto XVI seis días antes, el 11 de octubre, 49 aniversario de la apertura del Concilio Vaticano II. Extractamos de la carta apostólica *Porta fidei* algunos párrafos, especialmente los más directamente relacionados con la evangelización y la nueva evangelización:

> No podemos dejar que la sal se vuelva sosa y la luz permanezca oculta (cf. *Mt* 5, 13-16). Como la samaritana, también *el hombre actual* puede sentir de nuevo la necesidad de *acercarse al pozo para escuchar a Jesús, que invita a creer en Él* y a extraer el agua viva que mana de su fuente (cf. *Jn* 4, 14). Debemos descubrir de nuevo el gusto de

alimentarnos con la Palabra de Dios, transmitida fielmente por la Iglesia, y el Pan de la vida, ofrecido como sustento a todos los que son sus discípulos (cf. *Jn* 6, 51). (n. 3)

Precisamente he convocado la Asamblea General del Sínodo de los Obispos, en el mes de octubre de 2012, sobre el tema de *La nueva evangelización para la transmisión de la fe cristiana.* Será una buena ocasión para introducir a todo el cuerpo eclesial en un tiempo de especial reflexión y redescubrimiento de la fe. No es la primera vez que la Iglesia está llamada a celebrar un *Año de la fe.* Mi venerado Predecesor, el Siervo de Dios Pablo VI, proclamó uno parecido en 1967, para conmemorar el martirio de los apóstoles Pedro y Pablo en el decimonoveno centenario de su supremo testimonio. Lo concibió como un momento solemne para que en toda la Iglesia se diese «una auténtica y sincera profesión de la misma fe»; además, quiso que esta fuera confirmada de manera «individual y colectiva, libre y consciente, interior y exterior, humilde y franca» (Exhort. apost. *Petrum et Paulum Apostolos,* n. 196, 22 febrero 1967). Pensaba que de esa manera toda la Iglesia podría adquirir una «exacta conciencia de su fe, para reanimarla, para purificarla, para confirmarla y para confesarla» (*Ibíd.,* 198). Las grandes transformaciones que tuvieron lugar en aquel Año, hicieron que la necesidad de dicha celebración fuera todavía más evidente. Esta concluyó con la Profesión de fe del Pueblo de Dios,

(*Solemne profesión de fe*, en la conclusión del "Año de la fe", 30 junio 1968) para testimoniar cómo los contenidos esenciales que desde siglos constituyen el patrimonio de todos los creyentes tienen necesidad de ser confirmados, comprendidos y profundizados de manera siempre nueva, con el fin de dar un testimonio coherente en condiciones históricas distintas a las del pasado. (n. 4).

«Caritas Christi urget nos» (*1Cor* 5, 14): es **el amor de Cristo** el que llena nuestros corazones y **nos impulsa a evangelizar**. Hoy como ayer, Él nos envía por los caminos del mundo para proclamar su Evangelio a todos los pueblos de la tierra (cf. *Mt* 28, 19). Con su amor, Jesucristo atrae hacia sí a los hombres de cada generación: en todo tiempo, convoca a la Iglesia y le confía el anuncio del Evangelio, con un mandato que es siempre nuevo. Por eso, también hoy es necesario un compromiso eclesial más convencido en favor de *una* *nueva evangelización para redescubrir la alegría* *de creer* y volver a encontrar el entusiasmo de comunicar la fe. El compromiso misionero de los creyentes saca fuerza y vigor del descubrimiento cotidiano de su amor, que nunca puede faltar. La fe, en efecto, crece cuando se vive como experiencia de un amor que se recibe y se comunica como experiencia de gracia y gozo. (n. 7).

Cuenta san Lucas que Pablo, mientras se encontraba en Filipos, fue un sábado a anunciar el

Evangelio a algunas mujeres; entre estas estaba Lidia y el «Señor le abrió el corazón para que aceptara lo que decía Pablo» (Hch 16, 14). El sentido que encierra la expresión es importante. San Lucas enseña que el conocimiento de los contenidos que se han de creer no es suficiente si después el corazón, auténtico sagrario de la persona, no está abierto por la gracia que permite tener ojos para mirar en profundidad y comprender que lo que se ha anunciado es la Palabra de Dios. Profesar con la boca indica, a su vez, que la fe implica un testimonio y un compromiso público. El cristiano no puede pensar nunca que creer es un hecho privado. La fe es decidirse a estar con el Señor para vivir con Él. Y este «estar con Él» nos lleva a comprender las razones por las que se cree. La fe, precisamente porque es un acto de la libertad, exige también la responsabilidad social de lo que se cree. La Iglesia en el día de Pentecostés muestra con toda evidencia esta dimensión pública del creer y del *anunciar a todos sin temor la propia fe*. Es el don del Espíritu Santo el que capacita para la misión y fortalece nuestro testimonio, haciéndolo franco y valeroso. (n. 10).

(Por la fe, los Apóstoles) vivieron en comunión de vida con Jesús, que los instruía con sus enseñanzas, dejándoles una nueva regla de vida por la que serían reconocidos como sus discípulos después de su muerte (cf. *Jn* 13, 34-35). Por la fe, fueron por el mundo entero, siguiendo *el mandato de llevar el Evangelio a toda criatura* (cf. *Mc* 16, 15) y, sin temor alguno, anunciaron a todos la alegría de la resurrección, de la que fueron testigos fieles. Por la fe, los discípulos formaron la primera comunidad reunida en torno a la enseñanza de los Apóstoles, la oración y la celebración de la Eucaristía, poniendo en común todos sus bienes para atender las necesidades de los hermanos (cf. *Hch* 2, 42-47). (n, 13.)

Tratando de percibir los signos de los tiempos en la historia actual, nos compromete a cada uno a convertirnos en un signo vivo de la presencia de Cristo resucitado en el mundo. *Lo que el mundo necesita hoy* de manera especial *es el testimonio creíble* de los que, iluminados en la mente y el corazón por la Palabra del Señor, son capaces de abrir el corazón y la mente de muchos al deseo de Dios y de la vida verdadera, ésa que no tiene fin. (n. 15).

Estos tres puntos constituyen la principal aportación de Benedicto XVI a la nueva evangelización, que desde octubre de 2012 irán indisolublemente unidos a esta urgente tarea de la Iglesia del siglo XXI y seguramente del tercer milenio.

Además de esos tres pasos decisivos de Benedicto XVI en pro de la nueva evangelización, desde el primer año de su pontificado, 2005, Benedicto XVI ha tenido muy presente el legado de su predecesor en este campo. Algunas palabras del papa lo confirman.

Misión de obispos, sacerdotes, consagrados y laicos

Bajo su guía (de Juan Pablo II) hemos entrado en este nuevo milenio del cristianismo, tomando conciencia de la constante actualidad de *su exhortación a una nueva evangelización.* Con estas breves palabras estableció el fin: despertar una fe «viva, consciente y responsable» (...). El primer responsable de la obra de evangelización es el *obispo,* que ejerce los *tria munera* (tres oficios): profético, sacerdotal y pastoral (...). Los primeros colaboradores del obispo en la realización de sus tareas son los *presbíteros;* a ellos, antes que a todos los demás, debería dirigirse la solicitud del obispo (...). La diversidad de carismas y de servicios que realizan los *religiosos* y las religiosas, o los miembros de los institutos laicos de vida consagrada, es una gran riqueza de la Iglesia. El obispo puede y debe impulsarlos a insertarse en el programa diocesano de evangelización y a asumir las tareas pastorales, de acuerdo con su carisma, en colaboración con los sacerdotes y con las comunidades de laicos (...). El papel de los *laicos* es insustituible. Su testimonio de fe es particularmente elocuente y eficaz, porque se da en la realidad diaria y en los ámbitos a los que un sacerdote accede con dificultad. *(Discurso al segundo grupo de obispos de Polonia en visita «ad limina». Sábado 3-12- 2005).*

Evangelizar el matrimonio y la familia, y en la familia

El lenguaje de la fe se aprende en los hogares donde esta fe crece y se fortalece a través de la oración y de la práctica cristiana. (...). Vivir la integridad de esta fe, en su maravillosa novedad, es un gran regalo. Pero en los momentos en que parece que se oculta el rostro de Dios, creer es difícil y requiere un gran esfuerzo. Este encuentro da nuevo aliento para seguir anunciando el *Evangelio de la familia*, reafirmar su vigencia e identidad basada en el matrimonio abierto al don progresivo de la vida, y donde se acompaña a los hijos en su crecimiento corporal y espiritual. De este modo se contrarresta un hedonismo muy difundido, que banaliza las relaciones humanas y las vacía de su genuino valor y belleza (...). La familia es una escuela de humanización del hombre, para que crezca hasta hacerse verdaderamente hombre. En este sentido, la experiencia de ser amados por los padres lleva a los hijos a tener conciencia de su dignidad de hijos. La criatura concebida ha de ser educada en la fe, amada y protegida. Los hijos, con el fundamental derecho a nacer y ser educados en la fe, tienen derecho a un hogar que tenga como modelo el de Nazaret. (*Encuentro festivo en el V Encuentro mundial de las Familias. Valencia, sábado 8-7-2006*).

No podía faltar la referencia a la nueva evangelización en la exhortación apostólica postsinodal "Verbum Domini", sobre la Palabra de Dios, tema de la XII Asamblea general del Sínodo de los obispos, celebrado del 5 al 26 de octubre de 2008. Le dedica todo el número 96: "Anuncio y nueva evangelización":

Al alba del tercer milenio, no solo hay todavía muchos pueblos que no han conocido la Buena Nueva, sino también muchos cristianos necesitados de que se les vuelva a anunciar persuasivamente la Palabra de Dios, de manera que puedan experimentar concretamente la fuerza del Evangelio. Tantos hermanos están " ·bautizados, pero no suficientemente evangelizados" (*Propositio* 38). Con frecuencia, naciones en un tiempo ricas en fe y vocaciones van perdiendo su propia identidad, bajo la influencia de una cultura secularizada. La exigencia de una *nueva evangelización*, tan fuertemente sentida por mi venerado Predecesor, ha de ser confirmada sin temor, con la certeza de la eficacia de la Palabra divina. La Iglesia, segura de la fidelidad de su Señor, no se cansa de anunciar la Buena Nueva del Evangelio e invita a todos los cristianos a redescubrir el atractivo del seguimiento de Cristo. (*Exhort. apost. Verbum Domini*, 2010, 96). Los Padres sinodales han expresado "la más viva estima y gratitud, junto con su aliento, por el servicio a la evangelización, que muchos laicos, y en particular las mujeres, ofrecen con generosidad y tesón... (*Propositio* 30). El Sínodo reconoce con gratitud, además, que los movimientos eclesiales y las

nuevas comunidades son en la Iglesia una gran
fuerza para la obra evangelizadora en este tiempo, impulsando a desarrollar nuevas formas de
anunciar el Evangelio (*Propositio* 38) (*Exhort. apost.
Verbum Domini*, 2010, 94d).

Nueva evangelización y misión *ad gentes*, para la renovación y difusión de la fe

La misión secular de la Iglesia es la evangelización.
Hoy, a la evangelización en territorios tradicionalmente llamados "de misión" (primera evangelización), se
impone la evangelización en países de antiguas raíces
cristianas, cuyas gentes han perdido el sentido de
Dios, la pertenencia a la Iglesia y la alegría de la fe.

Cristo iban por todas partes con el objetivo de
llevar a Cristo a los hombres y a los hombres a
Cristo, sabiendo que solo él puede dar la verdadera libertad y la vida eterna. También hoy la vocación de la Iglesia es la evangelización: tanto de
las poblaciones que todavía no han sido «rega-
das» por el agua viva del Evangelio; como de
aquellas que, aun teniendo antiguas raíces cristianas, necesitan savia nueva para dar nuevos
frutos, y redescubrir la belleza y la alegría de la
fe. Queridos amigos, el beato Juan Pablo II fue
un gran misionero, como lo documenta también
una muestra preparada estos días en Roma. Él
relanzó *la misión ad gentes y, al mismo tiempo,*

promovió la nueva evangelización. Confiamos una y otra a la intercesión de María santísima. Que la Madre de Cristo acompañe siempre y en todas partes el anuncio del Evangelio, para que se multipliquen y se amplíen en el mundo los espacios en los que los hombres reencuentren la alegría de vivir como hijos de Dios. *(Regina caeli. 29-5- 2011).*

Los jóvenes y los niños, a través de sus padres, son destinatarios privilegiados de la nueva evangelización:

El beato Juan Pablo II habló de la necesidad de una *nueva evangelización* dirigida a quienes, a pesar de que ya han escuchado hablar de la fe, ya no aprecian, ya no conocen la belleza del cristianismo, más aún, en ocasiones lo consideran incluso un obstáculo para alcanzar la felicidad. Por eso, deseo repetir hoy lo que les dije a los jóvenes en la *Jornada Mundial de la Juventud en Colonia:* «La felicidad que buscáis, la felicidad que tenéis derecho de saborear, tiene un nombre, un rostro: el de Jesús de Nazaret, oculto en la Eucaristía» *(Discurso durante la fiesta de Acogida de los jóvenes* en Colonia).

Pero, ¿quién es el mensajero de este alegre anuncio? Seguramente lo es todo bautizado. Sobre todo los padres, quienes tienen la tarea de pedir el Bautismo para sus hijos. ¡Qué grande es este don que la liturgia llama «puerta de nuestra salvación, inicio de la vida en Cristo, fuente de la nueva humanidad!» *(Prefacio del Bautismo).* To-

dos los papás y las mamás están llamados a co-
operar con Dios en la transmisión del don inesti-
mable de la vida, pero también a darles a conocer a Aquel que *es la Vida*, y la vida no se transmite
realmente si no se conoce también el fundamento y la fuente perenne de la vida. Queridos padres, la Iglesia, como madre solícita, quiere
sosteneros en esta tarea vuestra fundamental.
Desde pequeños, los niños tienen necesidad de
Dios, porque el hombre desde el comienzo tiene
necesidad de Dios, y tienen la capacidad de percibir su grandeza. *(Discurso en la apertura de la
asamblea eclesial de Roma. Basílica de San Juan de
Letrán. Lunes 13 de junio de 2011).*

Benedicto XVI es consciente de que la "nueva evangelización" no puede quedar ni en una expresión más
o menos acertada, ni en estructuras perfectamente organizadas pero sin fuerza espiritual. Lo dijo en Friburgo, en el marco de la visita apostólica a su patria
alemana en septiembre de 2011:

Vemos que en nuestro opulento mundo occidental hay carencias. A muchos les falta la experiencia de la bondad de Dios. No encuentran un
punto de contacto con las Iglesias institucionales
y sus estructuras tradicionales. Pero, ¿por qué?
Pienso que esta es una pregunta sobre la que
debemos reflexionar muy seriamente. Ocuparse
de ella es la tarea principal del Consejo Pontificio para la Promoción de la Nueva Evangeliza-

ción. Pero, evidentemente, se dirige a todos nosotros. Permitidme afrontar aquí un aspecto de
la específica situación alemana. En Alemania la
Iglesia está organizada de manera óptima. Pero,
detrás de las estructuras, ¿hay una fuerza espiritual correspondiente, la fuerza de la fe en el Dios
vivo? Debemos decir sinceramente que hay un
desfase entre las estructuras y el Espíritu. Y aña-
do: La verdadera crisis de la Iglesia en el mundo
occidental es una crisis de fe. *Si no llegamos a una
verdadera renovación en la fe, toda reforma es-
tructural será ineficaz.* Pero volvamos a estas personas a quienes falta la experiencia de la bondad
de Dios. Necesitan lugares donde poder hablar
de su nostalgia interior. Y aquí estamos llamados
a buscar nuevos caminos de evangelización. Uno
de estos caminos podrían ser *pequeñas comunidades* donde se vive la amistad que se profundi-
za regularmente en la adoración comunitaria de
Dios. Aquí hay personas que hablan de sus pequeñas experiencias de fe en su puesto de trabajo y en el ámbito familiar o entre sus conocidos,
testimoniando de este modo un nuevo acerca-
miento de la Iglesia a la sociedad. A ellos les resulta claro que todos tienen necesidad de este
alimento de amor, de la amistad concreta con los
otros y con Dios. Pero sigue siendo importante
la relación con la savia vital de la Eucaristía, porque sin Cristo no podemos hacer nada (cf. *Jn* 15,
5). Queridos hermanos y hermanas, que el Señor
nos indique siempre el camino para ser juntos

luz del mundo y para mostrar a nuestro prójimo
el camino hacia el manantial donde pueden sa-
tisfacer su más profundo deseo de vida. Muchas
gracias. (*Discurso al Comité Central de los Católicos
Alemanes*, Friburgo, 24-9-2011).

Y en la alocución del Ángelus, después del discurso a los participantes en el Congreso internacional sobre la nueva evangelización (15 octubre) y de
la celebración eucarística para ellos con la homilía
que hemos recordado (el mismo día 16), dijo:

> (El beato Juan Pablo II fue un) gran defensor
> de la **misión** *ad gentes*, es decir a los pueblos y a
> los territorios donde el Evangelio aún no ha echa-
> do raíces, y un heraldo de la *nueva evangeliza-
> ción*. Ambos son aspectos de la única misión de
> la Iglesia, y es significativo considerarlos juntos.
> (*Alocución del Ángelus*, 16-10-2011).